AF523144

Die Krise der modernen Welt

René Guénon

Die Krise der modernen Welt

Aus dem Französischen
von Ulrich Kunzmann

Mit einem Nachwort von Mark Sedgwick

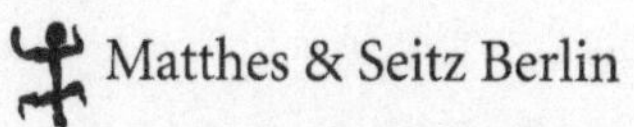

Inhaltsverzeichnis

Vorwort

Als wir vor einigen Jahren *Orient et Occident* (*Osten und Westen*) schrieben, nahmen wir an, zu den in diesem Buch behandelten Fragen – zumindest vorläufig – alles Zweckdienliche gesagt zu haben. Seitdem haben sich die Ereignisse immer mehr beschleunigt, und ohne dass sie uns übrigens zwingen, ein einziges Wort von dem zu ändern, was wir damals gesagt haben, erweist es sich doch als angebracht, einige ergänzende und präzisierende Hinweise vorzubringen, und das veranlasst uns, bestimmte Gesichtspunkte weiter zu vertiefen, bei denen wir es zuerst nicht für notwendig gehalten hatten, sie besonders zu betonen. Diese Präzisierungen sind umso dringlicher, als wir in letzter Zeit gesehen haben, dass erneut und in recht aggressiver Form einige Unklarheiten aufgetreten sind, die wir ja gerade beseitigen wollten. Obwohl wir sorgfältig darauf achten, uns in keinerlei Polemik einzumischen, haben wir es für zweckmäßig erachtet, die Dinge noch einmal richtigzustellen. Auf diesem Gebiet scheinen einige – selbst elementare – Überlegungen der übergroßen Mehrheit unserer Zeitgenossen derart fremd, dass man, um sie ihnen verständlich zu machen, nicht müde werden darf, immer wieder darauf zurückzukommen, indem man sie unter ihren verschiedenen Aspekten vorstellt und in dem Maße, wie es die Umstände erlauben, vollständiger erklärt. Dies kann Schwierigkeiten hervorrufen, die sich nicht immer von vornherein voraussehen ließen.

Schon der Titel des vorliegenden Buches verlangt einige Erklärungen, die wir als Erstes liefern müssen, damit man eindeutig weiß, wie wir ihn verstehen, und es in dieser Hinsicht keine Unklarheit gibt. Dass man von einer Krise der modernen Welt sprechen kann, das Wort »Krise« dabei in seiner gewöhnlichsten Bedeutung verstanden, wird schon von vielen nicht mehr angezweifelt, und wenigstens in dieser Hinsicht ist eine deutlich spürbare Wandlung eingetreten: Die Ereignisse selbst bewirken, dass sich manche Illusionen allmählich verflüchtigen, und dazu können wir uns persönlich nur gratulieren, denn trotz allem ist das ein recht günstiges Symptom, das Anzeichen einer möglichen Wiederbelebung der heutigen Mentalität, etwas, das wie ein schwacher Lichtschimmer inmitten des gegenwärtigen Chaos erscheint. So wird der Glaube an einen endlosen »Fortschritt«, den man noch vor Kurzem für eine Art unangreifbaren und unbestreitbaren Dogmas hielt, nicht mehr derart allgemein anerkannt; manche ahnen mehr oder weniger vage, mehr oder weniger verworren, dass sich die westliche Kultur nicht immer weiter in dieselbe Richtung entwickeln wird, sondern durchaus eines Tages zu einem Einhalt gelangen oder sogar in irgendeiner Katastrophe vollständig untergehen könnte. Vielleicht erkennen diese Leute nicht eindeutig, worin die Gefahr besteht, und die wahnhaften oder kindischen Ängste, die sie äußern, beweisen manchmal ausreichend, dass in ihrem Geist viele Irrtümer hartnäckig fortbestehen. Doch immerhin bedeutet es schon etwas, wenn sie sich einer vorhandenen Gefahr bewusst werden, obwohl sie diese eher fühlen, als sie wirklich zu verstehen, und wenn sie begreifen können, dass diese Kultur, auf die sich die Menschen der modernen Zeit so selbstgefällig berufen, keinen Vorzugsplatz in der Weltgeschichte einnimmt, sondern das gleiche Schicksal haben kann wie so viele andere, die schon in mehr oder weniger weit entfernten Zeitaltern verschwunden sind und von denen manche nur äußerst geringfügige Spuren, kaum wahrnehmbare oder schwer zu erkennende Überbleibsel hinterlassen haben.

Wenn man also sagt, dass die moderne Welt eine Krise erleide, so versteht man meistens darunter, dass sie zu einem kritischen Punkt gelangt ist, oder mit anderen Worten, dass eine mehr oder weniger tiefgreifende Wandlung unmittelbar bevorsteht, dass ein Richtungswechsel, unvermeidlich und kurzfristig, wohl oder übel, mehr oder weniger plötzlich, mit einer Katastrophe oder ohne sie eintreten muss. Diese Annahme ist vollkommen gerechtfertigt und entspricht tatsächlich zum Teil dem, was wir selber denken, doch nur zu einem Teil, denn nach unserer Ansicht und indem wir einen allgemeineren Standpunkt einnehmen, stellt das ganze moderne Zeitalter insgesamt eine Krisenperiode für die Welt dar. Übrigens scheint es so, als näherten wir uns dem Ausgang, und das macht heute das anormale Wesen dieser Situation – die seit einigen Jahrhunderten anhält, deren Folgen indes noch nie so klar ersichtlich wie heute waren – deutlicher als je zuvor spürbar. Darum entwickeln sich die Ereignisse auch mit dieser beschleunigten Geschwindigkeit, auf die wir gleich am Anfang hingewiesen haben; dies kann sich gewiss noch einige Zeit, jedoch nicht endlos hinziehen; und ohne dass wir in der Lage sind, eine genaue Grenze festzusetzen, haben wir den Eindruck, dass dies nicht mehr sehr lange dauern kann.

Doch schon in dem Wort »Krise« sind andere Bedeutungen enthalten, die es noch geeigneter machen, auszudrücken, was wir sagen wollen: Tatsächlich, seine Etymologie als »Krisis« – die man oft aus dem Auge verliert, wenn man es im Alltag gebraucht, auf die man sich aber beziehen sollte, wie immer, wenn man einem Begriff seine eigentliche Bedeutungsfülle und seinen ursprünglichen Wert zurückgeben will – macht es teilweise zu einem Synonym von »Urteil« und »Unterscheidung«. Die Phase, die man in jedem beliebigen Kontext wirklich als »kritisch« bezeichnen kann, ist diejenige, die unmittelbar zu einer günstigen oder ungünstigen Lösung führt, diejenige, bei der eine Entscheidung in dem einen oder anderen Sinne eintritt. Dann ist es dementsprechend möglich, ein Urteil über die erreichten Ergebnisse zu fällen, das »Pro« und das »Kontra« abzuwägen, indem man diese Ergebnisse in gewisser Hinsicht einteilt, die einen als positiv und die anderen als negativ beurteilt, um so zu erkennen, zu welcher Seite sich die Waage endgültig neigt. Wohlverstanden: Wir haben keineswegs die Absicht, eine derartige vollständige Unterscheidung vorzunehmen, und dies wäre außerdem verfrüht, denn die Krise ist noch nicht abgeschlossen, und vielleicht ist es sogar unmöglich, genau zu sagen, wann und wie dies geschehen wird, und dies umso mehr, als es stets vorzuziehen ist, auf bestimmte Vorhersagen zu verzichten, die sich nicht auf klare und allgemein verständliche Gründe stützen können und die somit allzu sehr der Gefahr ausgesetzt wären, falsch interpretiert zu werden und die Verwirrung zu verschlimmern, anstatt zu überwinden. Alles, was wir uns vornehmen können, ist also, bis zu einem gewissen Punkt und in dem Maße, wie es unsere verfügbaren Mittel erlauben, dazu beizutragen, denen, die dazu fähig sind, einige Ergebnisse bewusst zu machen, die schon jetzt gesichert vorzuliegen scheinen, und damit, selbst wenn dies auf eine sehr partielle und ziemlich indirekte Weise geschieht, die Grundlagen vorzubereiten, die später für das zukünftige »Urteil« dienen sollen, von dem ausgehend sich eine neue Geschichtsperiode der irdischen Menschheit eröffnen wird.

Einige der von uns soeben gebrauchten Ausdrücke werden im Geist mancher Leute sicher die Vorstellung dessen wachrufen, was man das »Jüngste Gericht« nennt, und eigentlich gar nicht zu Unrecht. Man mag es außerdem buchstäblich oder symbolisch oder auch auf beide Weisen zugleich verstehen, denn sie schließen sich in Wirklichkeit keineswegs aus. Darauf kommt es hier jedenfalls nicht an, und dies sind nicht der Ort und der Zeitpunkt, um uns zu diesem Punkt umfassend zu äußern. Das Abwägen des »Pro« und »Kontra«, die Unterscheidung der positiven und negativen Ergebnisse, von der wir gerade gesprochen haben, können sicherlich an die Einteilung der »Auserwählten« und der »Verdammten« in zwei fortan unwandelbar festgelegte Gruppen denken lassen; und auch wenn das nur eine Analogie ist, muss man anerkennen, dass es wenigstens eine gültige und wohlbegründete Analogie ist, die mit dem eigentlichen Wesen der Dinge übereinstimmt. Dies macht nochmals einige Erklärungen erforderlich.

Es ist sicher kein Zufall, dass sich heute so viele Geister mit der Vorstellung vom »Ende der Welt« quälen. In bestimmter Hinsicht kann man so etwas bedauern, denn die Überspanntheiten, die diese falsch verstandene Vorstellung heraufbeschwört, die »messianischen« Hirngespinste, die in verschiedenen Kreisen deren Folge sind, all diese Erscheinungen, die von den psychischen Störungen unserer Zeit hervorgerufen werden, verschlimmern nur noch die genannten Störungen in einem Ausmaß, das durchaus nicht zu vernachlässigen ist. Schließlich ist es jedoch nicht weniger sicher, dass es hier einen Sachverhalt gibt, den man nicht unberücksichtigt lassen darf. Wenn man derartige Dinge feststellt, besteht gewiss die bequemste Haltung darin, sie ohne weitere Prüfung schlicht und einfach beiseitezuschieben und sie als Irrtümer oder bedeutungslose Träumereien zu behandeln. Wir meinen jedoch: Auch wenn es tatsächlich als solche anzuprangernde Irrtümer sind, sollte man dennoch nach den Gründen suchen, die sie hervorgerufen haben, und den mehr oder weniger entstellten Anteil an Wahrheit herausfinden, der trotz allem darin enthalten sein kann, denn da der Irrtum im Grunde nur eine rein negative Seinsweise hat, lässt sich der absolute Irrtum nirgendwo antreffen und ist lediglich ein sinnentleerter Begriff. Wenn man die Dinge auf diese Weise betrachtet, stellt man mühelos fest, dass diese Angst vor dem »Ende der Welt« eng mit dem Zustand des allgemeinen Unbehagens verbunden ist, in dem wir gegenwärtig leben: Die dunkle Vorahnung, dass etwas tatsächlich kurz vor dem Ende steht, wirkt auf die Fantasie mancher Leute ungehemmt ein und ruft dort natürlich verworrene und meistens grob materialisierte Vorstellungen hervor, und sie zeigen sich nun nach außen durch jene Überspanntheiten, auf die wir gerade hingewiesen haben. Diese Erklärung ist außerdem keine Entschuldigung, die für solche Überspanntheiten spricht – oder wenn man die entschuldigen kann, die unfreiwillig dem Irrtum verfallen, weil sie infolge eines Geisteszustandes, für den sie nicht verantwortlich sind, dazu neigen, kann dies wenigstens niemals ein Grund sein, den Irrtum an sich zu entschuldigen. Was außerdem uns betrifft, so kann man uns sicherlich keine übermäßige Nachsicht gegenüber »pseudoreligiösen« Manifestationen der heutigen Welt und ebenso wenig gegenüber allen modernen Irrtümern im Allgemeinen vorwerfen. Wir wissen sogar, dass sich manche eher versucht fühlen könnten, uns den entgegengesetzten Vorwurf zu machen – und was wir hier sagen, wird sie vielleicht besser verstehen lassen, wie wir die Dinge sehen, denn wir bemühen uns ja, stets den einzigen für uns wichtigen Standpunkt zu vertreten, nämlich den der unparteiischen und interesselosen Wahrheit.

Das ist nicht alles: Eine lediglich »psychologische« Erklärung der Vorstellung vom »Ende der Welt« und von ihren gegenwärtigen Erscheinungsformen, so richtig sie in ihrem Kontext sein mag, kann in unseren Augen nicht als vollkommen ausreichend gelten. Wenn man es dabei bewenden ließe, hieße das, sich von einer dieser modernen Illusionen beeinflussen zu lassen, gegen die wir bei jeder Gelegenheit gerade Einspruch erheben. Manche, haben wir gesagt, fühlen verworren, dass das Ende von etwas unmittelbar bevorsteht, dessen Wesen und Bedeutung sie nicht genau bestimmen können. Man muss anerkennen, dass sie dabei etwas sehr Reales wahrnehmen, aber eben auch, dass sie dies in unklarer Weise tun, und Fehlinterpretationen oder fantasievollen Entstellungen ausgesetzt bleiben, denn wie auch immer dieses Ende sich ausnehmen wird, die Krise, die zwangsläufig dorthin führen muss, ist recht offensichtlich, und zahlreiche unzweideutige und leicht festzustellende Vorzeichen führen alle übereinstimmend zu derselben Schlussfolgerung. Dieses Ende ist gewiss nicht das »Ende der Welt« in dem umfassenden Sinn, in dem manche es verstehen wollen, aber es ist zumindest das Ende einer Welt – und wenn das, was enden soll, die westliche Kultur in ihrer heutigen Form ist, lässt sich verstehen, dass jene, die sich daran gewöhnt haben, nichts außerhalb von ihr zu sehen, sie als »die Kultur« schlechthin einzuschätzen, schnell glauben, dass zusammen mit ihr alles enden werde und dass es wahrhaftig das »Ende der Welt« sei, wenn sie verschwinden sollte.

Um die Dinge auf ihre richtige Größenordnung zurückzuführen, werden wir daher sagen, dass es durchaus so scheint, als näherten wir uns wirklich dem Ende einer Welt, das heißt dem Ende eines Zeitalters oder eines Geschichtszyklus, der außerdem mit einem kosmischen Zyklus übereinstimmen kann, wenn man sich nach dem richtet, was alle traditionellen Lehrmeinungen in dieser Hinsicht verkünden. In der Vergangenheit hat es schon viele derartige Ereignisse gegeben, und sicher wird es in Zukunft auch noch andere geben; diese Ereignisse unterscheiden sich übrigens in ihrer Bedeutung, je nachdem, ob sie mehr oder weniger umfangreiche Perioden beenden und ob sie entweder die gesamte irdische Menschheit oder lediglich den einen oder anderen Teil von ihr, eine Rasse oder ein bestimmtes Volk betreffen. Im heutigen Zustand der Welt ist anzunehmen, dass die zukünftig eintretende Wandlung eine sehr weitreichende Bedeutung haben wird und dass, ganz gleich, welche Form sie annimmt – eine Form, die wir hier keineswegs definieren wollen –, sie sich mehr oder weniger auf die ganze Erde auswirken wird. Die Gesetze, die derartige Ereignisse bestimmen, lassen sich jedenfalls analog auf alle Stufen anwenden. Was daher über das »Ende der Welt«, verstanden in einem so umfassenden Sinn, wie man ihn sich überhaupt nur vorstellen kann und wie er sich außerdem gewöhnlich nur auf die irdische Welt bezieht, gesagt wird, trifft auch noch bis zu einem gewissen Grad zu, wenn es sich lediglich um das Ende irgendeiner in einem weitaus engeren Sinne verstanden Welt handelt.

Diese Vorbemerkungen werden maßgeblich dazu beitragen, die nachfolgenden Überlegungen zu verstehen. In anderen Werken hatte sich uns bereits die Möglichkeit geboten, recht häufig auf die »zyklischen Gesetze« hinzuweisen; auch wenn es vielleicht schwierig wäre, diese Gesetze in einer für westliche Geister leicht zugänglichen Form vollständig darzustellen, ist es doch notwendig, einige Anhaltspunkte zu haben, wenn man sich eine zutreffende Vorstellung von dem machen will, was das heutige Zeitalter ist und was es in der gesamten Weltgeschichte genau darstellt. Deshalb werden wir als Erstes nachweisen, dass die Wesenszüge dieses Zeitalters ganz eindeutig die sind, welche die traditionellen Lehren in allen Zeiten für jene zyklische Periode angegeben haben, der es entspricht. Das heißt auch, nachzuweisen, dass das, was von einem bestimmten Standpunkt aus Anomalie und Unordnung ist, dennoch ein notwendiges Element einer umfassenderen Ordnung ist, eine unvermeidliche Folge der die Entwicklung jeder Erscheinungsform bestimmenden Gesetze darstellt. Übrigens, und das wollen wir schon jetzt sagen, ist dies kein Grund, sich damit abzufinden, die Verwirrung und das Dunkel, die im Augenblick scheinbar triumphieren, passiv zu ertragen – wenn es nämlich so wäre, brauchten wir nur zu schweigen. Stattdessen ist dies ein Grund, sich so sehr zu bemühen, wie man es vermag, den Ausweg aus diesem »dunklen Zeitalter« vorzubereiten, dessen mehr oder weniger nahes, wenn nicht ganz unmittelbar bevorstehendes Ende sich schon durch viele Anzeichen vorhersehen lässt. Auch das entspricht der Ordnung, denn ein Gleichgewicht ist ja das Ergebnis der gleichzeitigen Wirkung zweier entgegengesetzter Tendenzen. Wenn die eine oder die andere Tendenz nicht länger wirken könnte, ließe sich das Gleichgewicht niemals wiederfinden, und die Welt selbst würde verschwinden. Doch diese Annahme ist unausführbar, denn die beiden Glieder eines Gegensatzes haben nur durch ihr wechselseitiges Verhältnis einen Sinn, und man kann sicher sein – ganz gleich, wie der äußere Anschein wirkt –, dass alle partiellen und vorübergehenden Ungleichgewichte schließlich zur Verwirklichung des vollständigen Gleichgewichts beitragen.

ERSTES KAPITEL

Das dunkle Zeitalter

Nach hinduistischer Lehre teilt sich die Dauer eines menschlichen Zyklus, dem sie den Namen *Manvantara* gibt, in vier Zeitalter, mit denen die einzelnen Phasen einer stufenweisen Verdunklung der ursprünglichen Spiritualität bezeichnet werden. Dies sind die gleichen Perioden, die in den Traditionen der westlichen Antike als Goldenes, Silbernes, Ehernes und Eisernes Zeitalter bezeichnet wurden. Gegenwärtig sind wir im vierten Zeitalter, dem *Kali-Yuga* oder »dunklen Zeitalter«, und wir befinden uns in ihm, so heißt es, seit schon mehr als sechstausend Jahren, also seit einer Epoche, die weit vor all denen der »klassischen« Geschichte bekannten liegt. Seither sind die früher allen Menschen zugänglichen Wahrheiten immer verborgener und schwerer zu erreichen; diejenigen, die sie besitzen, sind immer weniger zahlreich – zwar kann der allen Zeitaltern vorausgehende Schatz der »nichtmenschlichen« Weisheit niemals verloren gehen, doch er verhüllt sich mit immer undurchdringlicheren Schleiern, die ihn vor den Blicken verbergen und unter denen er äußerst schwer zu entdecken ist. Deshalb geht es, in Form von verschiedenen Symbolen, überall um etwas, das verloren gegangen ist, wenigstens scheinbar und in Bezug auf die äußere Welt, und das jene wiederfinden müssen, die wahre Erkenntnis erstreben; doch es ist auch gesagt, dass das, was somit verborgen ist, am Ende des gegenwärtigen Zyklus wieder sichtbar wird, und aufgrund der Kontinuität, die alle Dinge miteinander verbindet, wird dieses Ende gleichzeitig der Beginn eines neuen Zyklus sein.

Allerdings wird man gewiss fragen, warum sich die zyklische Entwicklung so in absteigender Richtung vom Höheren zum Niedrigeren vollziehen müsse, was, wie man unschwer feststellen wird, die unmittelbare Verneinung der Vorstellung vom »Fortschritt« ist, wie ihn die Menschen der modernen Zeit verstehen. Die Antwort lautet: Die Entwicklung jeder Erscheinungsform impliziert zwangsläufig, dass sie sich immer weiter von dem Prinzip entfernt, von dem sie herkommt. Sie geht vom höchsten Punkt aus und strebt unausweichlich nach unten, und wie ein schwerer Körper strebt sie dorthin mit unablässig wachsender Geschwindigkeit, bis sie schließlich zum Erliegen kommt. Dieser Niedergang lässt sich als eine fortschreitende Materialisierung kennzeichnen, denn der Ausdruck des Prinzips ist reine Spiritualität; wir meinen den Ausdruck und nicht das Prinzip selbst, weil sich dieses mit keinem der Begriffe bezeichnen lässt, die scheinbar irgendeinen Gegensatz angeben, befindet es sich doch jenseits von allen Gegensätzen. Außerdem haben solche Worte wie »Geist« und »Materie«, die wir hier aus Gründen der größeren Bequemlichkeit der westlichen Sprache entnehmen, für uns beinahe nur einen symbolischen Wert; jedenfalls können sie allein unter der Bedingung wirklich dem angemessen sein, worum es geht, wenn man sie von den besonderen Interpretationen befreit, die ihnen die moderne Philosophie gibt, deren »Spiritualismus« und »Materialismus« in unseren Augen lediglich zwei komplementäre, sich gegenseitig implizierende Formen sind, die derjenige, der sich über diese kontingenten Gesichtspunkte erheben will, vernachlässigen darf. Doch wir wollen uns hier ja nicht mit reiner Metaphysik beschäftigen und können uns daher, ohne jemals die wesentlichen Prinzipien aus den Augen zu verlieren, den Gebrauch von Begriffen erlauben, die zwar inadäquat sind, aber geeignet erscheinen, die Dinge in dem Maße leichter verständlich zu machen, wie dies geschehen kann, ohne sie zu verfälschen, wobei wir die unbedingt notwendigen Vorsichtsmaßnahmen ergreifen, um jede Unklarheit zu vermeiden.

Was wir soeben über die Entwicklung der Erscheinungsform gesagt haben, bietet eine Sicht, die zwar als Ganzes genau ist, jedoch allzu vereinfacht und schematisch erscheint, weil sie den Gedanken nahelegen kann, dass sich diese Entwicklung in gerader Linie, in einer einzigen Richtung und ohne irgendwelche Schwankungen vollziehe – die Realität ist weitaus komplexer. Tatsächlich ist es begründet, worauf wir schon zuvor hingewiesen hatten, bei allem zwei entgegengesetzte Tendenzen – eine absteigende und eine aufsteigende – zu berücksichtigen, oder wenn man sich einer anderen Darstellungsweise bedienen will, geht es um eine zentrifugale und eine zentripetale Tendenz, und aus der Vorherrschaft der einen oder der anderen entstehen zwei komplementäre Phasen der Erscheinungsform; die eine bedeutet eine Entfernung vom Ursprung, die andere eine Rückkehr zum Ursprung. Oft werden sie symbolisch mit den Herzbewegungen oder den zwei Atmungsphasen verglichen. Obwohl diese zwei Phasen gewöhnlich als aufeinanderfolgend beschrieben werden, muss man begreifen, dass die zwei Tendenzen, denen sie entsprechen, in Wirklichkeit stets gleichzeitig wirken, dies jedoch in unterschiedlichen Proportionen. Manchmal, in bestimmten kritischen Momenten, wenn die absteigende Tendenz im allgemeinen Gang der Welt kurz vor dem endgültigen Sieg scheint, kommt es vor, dass eine besondere Wirkung eintritt, um die entgegengesetzte Tendenz zu stärken, sodass ein gewisses, wenigstens relatives Gleichgewicht wiederhergestellt wird, wie es die Bedingungen des Augenblicks mit sich bringen können, um so zu einem partiellen Wiederaufstieg zu führen, durch den die Absturzbewegung aufgehalten oder zeitweilig neutralisiert scheinen kann.[1]

Es lässt sich unschwer verstehen, dass diese traditionellen Gegebenheiten, bei denen wir uns hier auf einen sehr summarischen Überblick beschränken müssen, Konzeptionen ermöglichen, die sich von allen Versuchen einer »Geschichtsphilosophie«, mit denen sich die Menschen der modernen Zeit beschäftigen, grundsätzlich unterscheiden und weitaus umfassender und tiefgründiger sind. Wir haben jedoch vorläufig nicht die Absicht, bis zu den Ursprüngen des gegenwärtigen Zyklus und nicht einmal, was einfacher wäre, zu den Anfängen des *Kali-Yuga* zurückzugehen. Unser Vorhaben bezieht sich, wenigstens in seiner unmittelbaren Form, nur auf einen weitaus beschränkteren Bereich: auf die letzten Phasen desselben *Kali-Yuga*. Tatsächlich kann man innerhalb jeder einzelnen der großen Perioden, von denen wir gesprochen haben, noch unterschiedliche sekundäre Phasen unterscheiden, die ebenso viele Unterabteilungen von ihnen bilden; und da jeder Teil in gewisser Hinsicht dem Ganzen analog ist, reproduzieren diese Unterabteilungen sozusagen auf einer beschränkteren Stufe den allgemeinen Gang des großen Zyklus, in den sie einbezogen sind. Doch auch hier würde uns eine vollständige Ermittlung der Anwendungsmodalitäten dieses Gesetzes auf die unterschiedlichen Einzelfälle weit über den Rahmen dessen hinausführen, was wir uns für die vorliegende Untersuchung vorgenommen haben. Um diese einleitenden Überlegungen abzuschließen, wollen wir lediglich einige der letzten und besonders kritischen Epochen erwähnen, welche die Menschheit durchgemacht hat, diejenigen, die in die gewöhnlich »geschichtlich« genannte Periode eingehen, weil sie tatsächlich die einzige ist, die für die gewöhnliche oder »profane« Geschichte wirklich zugänglich ist. Dies wird uns ganz naturgemäß zu dem führen, was den eigentlichen Gegenstand unserer Untersuchung ausmachen soll, denn die letzte dieser kritischen Epochen ist keine andere als die, die das bildet, was man die modernen Zeiten nennt.

Es gibt eine recht eigentümliche Tatsache, die man offenbar niemals so beachtet hat, wie sie es verdient: nämlich dass die Periode, die in dem soeben von uns angegebenen Sinne eigentlich »geschichtlich« ist, genau auf das sechste Jahrhundert vor der christlichen Zeitrechnung zurückgeht, als gäbe es da eine Barriere, die man nicht mit den Untersuchungsmitteln überschreiten kann, über die gewöhnliche Forscher verfügen. Von dieser Epoche an besitzt man tatsächlich überall eine recht genaue und zuverlässige Chronologie; für alles Vorherige erreicht man im Gegenteil nur eine sehr vage Annäherung, und die für ein und dieselben Ereignisse vorgeschlagenen Daten weichen oft um mehrere Jahrhunderte voneinander ab. Sogar bei Ländern, in denen man vielen Spuren nachgehen kann, wie etwa Ägypten, ist dies sehr auffällig; und vielleicht mutet es noch erstaunlicher an, dass in einem solch außergewöhnlichen und privilegierten Fall wie dem Chinas, das für viel weiter zurückliegende Zeiten mit astronomischen Beobachtungen datierte Annalen besitzt, die einen Zweifel nicht zulassen sollten, diese Zeitalter heute von den Modernen nicht weniger als »sagenhaft« bezeichnet werden, als gäbe es hier einen Bereich, in dem sie sich nicht das Recht auf irgendeine Gewissheit zuerkennen und es sich selber verbieten, sie zu erlangen. Das sogenannte »klassische« Altertum ist also eigentlich nur ein ganz relatives Altertum, das sogar den modernen Zeiten viel näher als dem wahren Altertum steht, denn es reicht nicht einmal bis zur Hälfte des *Kali-Yuga* zurück, dessen Dauer selbst, der hinduistischen Lehre zufolge, nur ein Zehntel derjenigen des *Manvantara* ist; und dadurch kann man hinlänglich ermessen, inwiefern die Modernen recht haben, auf den Umfang ihrer Geschichtskenntnisse stolz zu sein! All das, würden sie gewiss auch noch antworten, um sich zu rechtfertigen, seien nur »sagenhafte« Perioden, und darum meinen sie, sie müssten diese nicht berücksichtigen. Doch diese Antwort ist ja gerade nur ein Eingeständnis ihrer Unkenntnis und einer Verständnislosigkeit, die allein ihre Geringschätzung der Tradition erklären kann. Der spezifisch moderne Geist ist tatsächlich, wie wir später zeigen werden, nichts anderes als der traditionsfeindliche Geist.

Im sechsten Jahrhundert vor der christlichen Zeitrechnung traten beträchtliche Wandlungen bei nahezu allen Völkern ein, ganz gleich, welche Ursache sie hatten. Diese Wandlungen zeigten überdies, den jeweiligen Ländern entsprechend, unterschiedliche Wesenszüge. In einigen Fällen ging es um eine Wiederanpassung der Tradition an Bedingungen, die sich von den zuvor existierenden unterschieden. Diese Wiederanpassung vollzog sich in einem streng orthodoxen Sinn. Dies geschah besonders in China, wo die ursprünglich aus einem einzigen Ganzen bestehende Lehre nunmehr in zwei klar unterschiedene Teile getrennt wurde: in den einer Elite vorbehaltenen Taoismus, der die reine Metaphysik und die traditionellen, im eigentlichen Sinne spekulativen Wissenschaften umfasste, und in den Konfuzianismus, der unterschiedslos allen zugänglich war und dessen Bereich die praktischen und hauptsächlich gesellschaftlichen Anwendungen waren. Bei den Persern hat offenbar ebenfalls eine Wiederanpassung des Mazdaismus stattgefunden, denn diese Epoche war die des letzten Zoroaster.[2] In Indien entstand damals der Buddhismus, der allerdings – wenigstens in manchen seiner Zweige und von seinem ursprünglichen Charakter einmal abgesehen[3] – zu einem Aufstand gegen den traditionellen Geist führen musste, was bis zur Verneinung jeder Autorität und zu einer wahren Anarchie im etymologischen Sinne von »Fehlen eines Prinzips« im geistigen und gesellschaftlichen Bereich ging. Recht merkwürdig ist, dass man in Indien kein Monument findet, das älter als diese Epoche ist, und die Orientalisten, die wollen, dass alles mit dem von ihnen außerordentlich übertrieben dargestellten Buddhismus beginnt, haben versucht, diese Feststellung für ihre These auszunutzen. Die Erklärung dieser Tatsache ist jedoch ganz einfach: Alle früheren Bauwerke waren nämlich aus Holz, sodass sie auf natürlichem Wege spurlos verschwunden sind.[4] Allerdings trifft zu: Ein derartiger Wandel der Bauweise entspricht zwangsläufig einer tiefgreifenden Veränderung der allgemeinen Existenzbedingungen des Volkes, bei dem er eingetreten ist.

Wenn wir uns jetzt mehr dem Westen zuwenden, so sehen wir, dass dieselbe Epoche bei den Juden die der Babylonischen Gefangenschaft war; und eine der vielleicht erstaunlichsten Tatsachen, die man feststellen muss, besteht darin, dass eine kurze Periode von siebzig Jahren ausreichte, damit die Juden sogar ihre Schrift einbüßten, denn hierauf mussten sie die Heiligen Schriften mit ganz anderen Schriftzeichen als denen, die bisher in Gebrauch waren, neu schaffen. Man könnte noch viele andere Ereignisse anführen, die sich annähernd auf den gleichen Zeitpunkt beziehen: Wir wollen lediglich darauf hinweisen, dass dies für

Rom der Beginn der eigentlich »geschichtlichen« Periode wurde, die auf die »sagenhafte« Periode der Könige folgte. Und man weiß auch, jedoch auf etwas unklare Weise, dass es damals bei den keltischen Völkern bedeutende Bewegungen gab. Doch wir möchten dies nicht stärker betonen und stattdessen zu den Ereignissen in Griechenland übergehen. Dort wurde das sechste Jahrhundert ebenfalls zum Ausgangspunkt der sogenannten »klassischen« Kultur, der einzigen, der die modernen Autoren den »geschichtlichen« Charakter zuerkennen; und alles Vorhergehende ist ziemlich schlecht bekannt, weil es als »sagenhaft« behandelt wurde, obwohl neuere archäologische Entdeckungen keinen Zweifel mehr daran erlauben, dass dort wenigstens eine sehr reale Kultur bestand; und wir haben einige Gründe zu der Annahme, dass diese erste hellenische Kultur in geistiger Hinsicht viel interessanter als die auf sie folgende war und dass ihre gegenseitigen Beziehungen durchaus eine gewisse Analogie zu denen bieten, die zwischen dem mittelalterlichen Europa und dem modernen Europa bestehen. Allerdings muss man darauf hinweisen, dass der Bruch nicht so radikal wie im letztgenannten Fall verlief, denn es gab wenigstens teilweise eine Neuanpassung innerhalb der traditionellen Ordnung, hauptsächlich im Bereich der »Mysterien«; und dies muss man in Zusammenhang mit dem Pythagoreismus bringen, der vor allem eine Nachgestaltung des vorhergehenden Orphismus in neuer Form war und dessen offenkundige Verbindungen mit dem delphischen Kult des Hyperboreischen Apollon es sogar erlauben, einen fortgesetzten und regelmäßigen Zusammenhang mit einer der ältesten Menschheitsüberlieferungen in Betracht zu ziehen. Doch andererseits trat bald etwas in Erscheinung, das bisher beispiellos war und das in der Folge einen unheilvollen Einfluss auf die ganze westliche Welt ausüben sollte: Wir wollen von dieser besonderen Denkweise sprechen, die den Namen »Philosophie« annahm und bewahrte – und dieser Punkt ist so bedeutsam, dass wir uns einige Augenblicke damit beschäftigen.

Das Wort »Philosophie« kann an sich gewiss in einem sehr rechtmäßigen Sinn aufgefasst werden, der zweifellos sein ursprünglicher Sinn war, vor allem, wenn es zutrifft, dass Pythagoras, wie man behauptet, es als Erster benutzte: Etymologisch bedeutet es ja nichts anderes als »Weisheitsliebe«: Es bezeichnet also zuallererst eine anfängliche Geisteshaltung, die erforderlich ist, um zur Weisheit zu gelangen, und durch eine ganz natürliche Begriffserweiterung kann es auch die gerade aus dieser Haltung hervorgehende Suche bezeichnen, die zur Erkenntnis führen soll. Es handelt sich also nur um ein einleitendes und vorbereitendes Stadium, einen Weg zur Weisheit, einen Grad, der einer Ebene unterhalb der Weisheit entspricht.[5] Die Verirrung, zu der es hierauf gekommen ist, bestand darin, dass man diese Übergangsstufe für das eigentliche Ziel hielt und die Weisheit durch die »Philosophie« ersetzen wollte, was bedeutet, dass man das wahre Wesen der Weisheit vergisst oder verkennt. So entstand, was wir die »profane« Philosophie nennen können, das heißt eine vermeintliche, rein menschliche Weisheit, die somit zum lediglich rationalen Bereich gehört und die wahre traditionelle, überrationale und »nichtmenschliche« Weisheit verdrängt. Gleichwohl überdauerte in der ganzen Antike noch etwas von ihr; bewiesen wird dies zuerst durch das Fortbestehen der »Mysterien«, deren wesenhaft »initiatischer« Charakter unbestreitbar ist, und dazu kommt die Tatsache, dass die Lehre der Philosophen selber meistens eine »exoterische« und eine »esoterische« Seite hatte, wobei die esoterische Seite die Bindung an einen höheren Standpunkt erlauben konnte, der sich überdies in sehr klarer, allerdings in mancher Hinsicht vielleicht unvollständiger Form einige Jahrhunderte später bei den Alexandrinern äußert. Damit sich die »profane« Philosophie als solche endgültig konstituieren konnte, war es notwendig, dass die »Exoterik« allein übrig blieb und dass man so weit ging, jede »Esoterik« schlicht und einfach zu negieren; genau dazu sollte bei den Modernen die von den Griechen begonnene Bewegung führen. Die Tendenzen, die sich schon bei diesen herausgebildet hatten, mussten nun bis zu ihren äußersten Konsequenzen vorangetrieben werden, und die übermäßige Bedeutung, die sie dem rationalen Denken zuerkannt hatten, verstärkte sich noch weiter und gelangte somit schließlich zum »Rationalismus«, einer genuin modernen Haltung, die darin besteht, alles, was zu einer überrationalen Ordnung gehört, nicht einfach mehr zu ignorieren, sondern ausdrücklich zu verneinen. Aber nehmen wir nicht länger spätere Überlegungen vorweg, denn wir werden uns in einem anderen Teil unserer Darstellung noch mit diesen Konsequenzen beschäftigen und ihre Entwicklung untersuchen müssen.

Von dem soeben Gesagten ist etwas für den Standpunkt, der uns beschäftigt, besonders zu berücksichtigen: dass es erforderlich ist, im »klassischen« Altertum einige Ursprünge der modernen Welt zu suchen. Diese hat also nicht ganz unrecht, wenn sie sich auf die griechisch-lateinische Kultur beruft und behauptet, ihre Fortsetzerin zu sein. Allerdings muss man sagen, dass es sich nur um eine weit entfernte und einigermaßen untreue Fortsetzung handelt, denn in jenem Altertum gab es trotz alledem im geistigen und spirituellen Bereich vieles, dessen Äquivalent man nicht bei den Modernen finden kann; jedenfalls sind dies zwei weitgehend unterschiedliche Grade bei der fortschreitenden Verdunkelung der wahren Erkenntnis. Man könnte sich außerdem vorstellen, dass der Verfall der antiken Kultur schrittweise und ohne Unterbrechung zu einem Zustand geführt hat, der mehr oder weniger dem heutigen ähnelt. Tatsächlich verhielt es sich jedoch nicht so, und in der Zwischenzeit trat für den Westen ein weiteres kritisches Zeitalter ein, das gleichzeitig eine dieser Wiederaufstiegsepochen war, auf die wir weiter oben hingewiesen haben.

Dieses Zeitalter ist das des Entstehens und der Ausbreitung des Christentums, das sowohl mit der Zerstreuung des jüdischen Volkes als auch mit der letzten Phase der griechisch-lateinischen Kultur zusammenfällt. Obwohl diese Ereignisse bedeutsam sind, können wir sie schneller im Überblick behandeln, weil sie allgemeiner bekannt sind als jene, von denen wir bisher gesprochen haben, und weil ihre Gleichzeitigkeit sogar von jenen Historikern deutlich wahrgenommen wurde, deren Ansichten am oberflächlichsten sind. Man hat auch recht oft auf manche Wesenszüge hingewiesen, die der antiken Dekadenz und dem gegenwärtigen Zeitalter gemeinsam sind. Ohne den Parallelismus allzu weit vertiefen zu wollen, muss man anerkennen, dass es tatsächlich einige recht auffällige Ähnlichkeiten gibt. Die rein »profane« Philosophie hatte an Boden gewonnen: Zum einen das Auftreten des Skeptizismus und zum anderen der Erfolg des stoischen und epikureischen »Moralismus« beweisen ausreichend, wie weitgehend sich die Geistigkeit erniedrigt hatte. Die alten heiligen Lehren, die beinahe niemand mehr verstand, waren gleichzeitig aufgrund dieses Unverständnisses zu einem »Heidentum« im wahren Sinne des Wortes entartet, das heißt, sie waren nur noch »abergläubische Vorstellungen«, Dinge, die sich selber durch ganz äußerliche Erscheinungsformen überlebten, nachdem sie ihre tiefe Bedeutung verloren hatten. Es gab Versuche, sich gegen diesen Verfall zu wehren: Der Hellenismus selbst versuchte, sich mithilfe von Elementen neu zu beleben, die er den östlichen Lehren entlehnte, mit denen er in Berührung kommen konnte. Aber das reichte nicht mehr aus. Die griechisch-lateinische Kultur musste untergehen, und der Wiederaufstieg musste von anderenorts ausgehen und sich in einer ganz anderen Form vollziehen. Das Christentum verwirklichte diese Wandlung – und wir wollen beiläufig feststellen, dass der Vergleich, den man in gewisser Hinsicht zwischen jener Zeit und der unsrigen vornehmen kann, vielleicht eines der maßgeblichen Elemente des wirren »Messianismus« ist, der gegenwärtig auftritt. Nach der unruhigen Periode der Barbareninvasionen, die notwendig war, um die Zerstörung der alten Ordnung zu vollenden, wurde eine normale Ordnung für die Dauer von mehreren Jahrhunderten wiederhergestellt. Dies war das Mittelalter. Die Modernen haben es ganz falsch beurteilt, denn sie sind unfähig, seine Geistigkeit zu verstehen, und ihnen kommt jene Epoche gewiss viel fremder und ferner als das »klassische« Altertum vor.

Das wahre Mittelalter reicht nach unserer Ansicht von der Herrschaftszeit Karls des Großen bis zum Beginn des vierzehnten Jahrhunderts. Zu diesem letztgenannten Zeitpunkt beginnt eine neue Dekadenz, die sich bis in unsere Gegenwart verstärkt und dabei mehrere Etappen durchläuft. Hierin besteht der wahre Ausgangspunkt der modernen Krise: So beginnt der Zerfall der »Christenheit«, mit der sich die mittelalterliche westliche Kultur im Wesentlichen identifiziert hatte. Zudem ist das Ende der Feudalordnung, die mit derselben »Christenheit« sehr eng verbunden war, der Ursprung der »Nationalitäten«. Man muss also das moderne Zeitalter annähernd zwei Jahrhunderte weiter zurückreichen lassen, als man es gewöhnlich tut. Renaissance und Reformation sind vor allem Folgeerscheinungen, und sie wurden nur durch die vorhergehende Dekadenz möglich. Doch sie waren bei Weitem kein Wiederaufstieg, sondern bezeichneten einen viel schlimmeren Niedergang, weil sie den endgültigen Bruch mit dem traditionellen Geist vollzogen: die eine im Bereich der Wissenschaften und Künste, die andere im religiösen Bereich selbst, der gleichwohl jener war, in dem ein solcher Bruch am schwersten vorstellbar erscheinen könnte.

Was man die Renaissance nennt, war in Wirklichkeit, wie wir schon früher gesagt haben, der Tod vieler Dinge. Unter dem Vorwand einer Rückkehr zur griechisch-römischen Kultur entnahm man ihr nur, was sie an Äußerlichstem gehabt hatte, weil allein dies sich in den geschriebenen Texten klar hatte ausdrücken können. Diese unvollständige Wiederherstellung konnte außerdem nur einen sehr künstlichen Charakter haben, denn es handelte sich um Formen, die seit Jahrhunderten nicht mehr von wahrem Leben erfüllt waren. Nachdem die traditionellen Wissenschaften des Mittelalters ungefähr in jener Zeit noch einige letzte Manifestationen hervorbrachten, verschwanden sie ebenso vollständig wie die der weiter zurückliegenden Kulturen, die einst in irgendeiner Katastrophe untergegangen waren. Und diesmal sollte nichts an ihre Stelle treten. Fortan gab es nur noch »profane« Philosophie und Wissenschaft, das heißt die Negation der wahren Geistigkeit, die Beschränkung der Erkenntnisse auf den niedrigsten Bereich, die empirische und analytische Untersuchung von Tatsachen, die mit keinem Prinzip verbunden sind, sodass man sich in einer endlosen Vielzahl unbedeutender Einzelheiten verzettelte, unbegründete, sich unablässig gegenseitig zerstörende Hypothesen und fragmentarische Ansichten sammelte, wobei diese zu nichts anderem als zu praktischen Anwendungen führen konnten, welche die einzige tatsächliche Überlegenheit der modernen Zivilisation darstellen – im Übrigen eine wenig beneidenswerte Überlegenheit, die, indem sie sich so weit entwickelte, bis sie jedes andere Anliegen erstickte, dieser Kultur den rein materiellen Charakter gegeben hat, der aus ihr etwas wahrhaft Ungeheuerliches macht.

Ganz außergewöhnlich ist, wie schnell die mittelalterliche Kultur restlos in Vergessenheit geriet. Im siebzehnten Jahrhundert hatten die Menschen nicht mehr die geringste Vorstellung von ihr, und die überdauernden, an sie erinnernden Monumente besaßen für sie keinerlei Bedeutung mehr, weder im geistigen Bereich noch im ästhetischen. Daran kann man ermessen, wie sehr sich die Mentalität in der Zwischenzeit verändert hatte. Wir werden hier nicht versuchen, die gewiss sehr komplexen Faktoren zu erkunden, die zu dieser Veränderung beitrugen, eines so radikalen Wandels, dass es schwerfällt, anzunehmen, er habe sich spontan und ohne Eingreifen eines lenkenden Willens vollziehen können, dessen genaues Wesen zwangsläufig recht rätselhaft bleibt. In dieser Hinsicht gibt es sehr sonderbare Umstände – wie etwa, dass man zu einem bestimmten Zeitpunkt gewisse Sachverhalte allgemein verbreitete und als neuartige Entdeckungen hinstellte, obwohl sie tatsächlich seit sehr langer Zeit bekannt waren, ihre Kenntnis jedoch wegen bestimmter Nachteile die Gefahr mit sich brachte, dass diese die Vorteile überwogen, sodass man diese Sachverhalte bisher nicht öffentlich bekannt gemacht hatte.[6] Ebenfalls sehr unwahrscheinlich ist, dass die Legende, die aus dem Mittelalter ein Zeitalter der »Finsternis«, Unwissenheit und Barbarei machte, von selbst entstanden wäre und Glaubwürdigkeit erlangt hätte und dass die tatsächliche Geschichtsfälschung, mit der sich die Modernen beschäftigt haben, ohne jede vorgefasste Meinung versucht wurde. Doch wir werden die Untersuchung dieser Frage nicht weiter vertiefen, denn, wie auch immer die vorliegende Arbeit abgeschlossen wird, vorläufig kommt es uns im Grunde am meisten darauf an, das Endergebnis festzustellen.

Es gibt einen Begriff, der in der Renaissance hoch geehrt wurde und im Voraus das ganze Programm der modernen Kultur zusammenfasste: Dieser Begriff ist der des »Humanismus«. Tatsächlich ging es darum, alles auf rein menschliche Größenverhältnisse zu beschränken, auf jedes höhere Ordnungsprinzip zu verzichten und, so könnte man symbolisch formulieren, sich unter dem Vorwand, die Erde zu erobern, vom Himmel abzuwenden. Die Griechen, deren Vorbild man angeblich folgte, waren in dieser Hinsicht – sogar in der Zeit ihrer größten geistigen Dekadenz – niemals so weit gegangen, und utilitaristische Gedankengänge waren bei ihnen wenigstens nie in den Vordergrund getreten, wie dies bei den Modernen bald geschehen sollte. Der »Humanismus« war bereits eine erste Form dessen, was dann später zum gegenwärtigen »Laizismus« geworden ist. Und da man alles auf das Maß des Menschen zurückführen wollte, den man als einen Selbstzweck ansah, stieg man schließlich von Stufe zu Stufe auf die Ebene dessen hinab, was es im Menschen an Niedrigstem gibt, und bemühte sich beinahe nur noch um die Befriedigung der zur materiellen Seite seiner Natur gehörenden Bedürfnisse, ein im Übrigen ganz illusorisches Bemühen, denn es schafft immer weitere künstliche Bedürfnisse, die es damit nicht befriedigen kann.

Wird die moderne Welt bis zum tiefsten Punkt dieses verhängnisvollen Abhangs gehen, oder wird vielmehr, wie dies während der Dekadenz der griechisch-lateinischen Welt geschehen ist, auch dieses Mal ein neuer Wiederaufstieg eintreten, bevor sie den Boden des Abgrunds, in den sie hineingezogen wird, erreicht hat? Es scheint durchaus so zu sein, dass ein Innehalten auf halbem Wege kaum noch möglich ist und wir, wie es allen von den traditionellen Lehren gelieferten Hinweisen entspricht, wirklich in die Endphase des *Kali-Yuga*, in die dunkelste Periode dieses »dunklen Zeitalters«, in diesen Auflösungszustand eingetreten sind, aus dem man beinahe nur noch durch eine Katastrophe herauskommen kann, denn dann ist keine einfache Wiederbelebung, sondern eine vollständige Erneuerung nötig. Unordnung und Durcheinander herrschen in allen Bereichen. Sie wurden bis zu einem Punkt vorangetrieben, der bei Weitem über alles hinausgeht, was man zuvor erlebt hatte, und diese vom Westen ausgehenden Erscheinungen gefährden jetzt die ganze Welt. Wir wissen genau, dass ihr Siegeszug stets nur scheinbar und vorübergehend sein kann; da er jedoch so weit fortgeschritten ist, ist er offenbar das Vorzeichen der ernstesten Krise, welche die Menschheit im Verlauf ihres gegenwärtigen Zyklus durchgemacht hat. Sind wir nicht in diese erschreckende Periode eingetreten, die von den heiligen Schriften Indiens angekündigt wurde, »in der sich die Kasten vermischen werden und es selbst die Familie nicht mehr geben wird«? Man braucht sich nur umzusehen, um sich zu überzeugen, dass dieser Zustand wirklich und wahrhaftig jener der gegenwärtigen Welt ist, und um überall jenen tiefen Verfall festzustellen, den das Evangelium »Gräuel der Verwüstung« nennt. Man darf sich keine Illusionen machen, wie ernst die Lage ist. Man muss sie so einschätzen, wie sie ist, ohne jeden »Optimismus«, aber auch ohne jeden »Pessimismus«. Denn wie wir zuvor gesagt haben: Das Ende der alten Welt wird auch der Beginn einer neuen Welt sein.

Nun stellt sich eine Frage: Welche Daseinsberechtigung gibt es für eine Periode wie die, in der wir leben? So anormal die gegenwärtigen Verhältnisse sind, wenn man sie an sich betrachtet, müssen sie sich jedoch tatsächlich in die allgemeine Ordnung der Dinge einfügen, in diese Ordnung, die, einer fernöstlichen Formulierung zufolge, sich aus der Summe aller Unordnungen zusammensetzt. So schmerzlich und unruhig diese Periode auch ist, sie muss wie alle übrigen ihren besonderen Platz in der gesamten menschlichen Entwicklung haben, und außerdem ist gerade die Tatsache, dass die traditionellen Lehren sie vorausgesehen hatten, in diesem Zusammenhang ein ausreichender Hinweis. Was wir über den allgemeinen Gang eines in der Richtung fortschreitender Materialisierung verlaufenden Manifestationszyklus gesagt haben, bietet unverzüglich die Erklärung für einen solchen Zustand und zeigt deutlich, dass das, was unter einem besonderen Gesichtspunkt anormal und ungeordnet ist, sich gleichwohl nur als die Folge eines Gesetzes erweist, das sich auf einen höheren oder umfassenderen Gesichtspunkt bezieht. Wir wollen hinzufügen, ohne dies besonders zu betonen, dass sich der Übergang von einem Zyklus zu einem anderen wie jede Zustandsänderung nur im Dunkeln vollziehen kann; auch hierbei gibt es ein ganz entscheidendes Gesetz mit vielfältigen Anwendungen, dessen einigermaßen eingehende Darlegung uns aber gerade deshalb viel zu weit führen würde.[7]

Das ist nicht alles: Dem modernen Zeitalter muss zwangsläufig die Entwicklung gewisser Möglichkeiten entsprechen, die von Anfang an in der Potentialität des gegenwärtigen Zyklus enthalten waren; und so niedrig auch die Stufe sein mag, die diese Möglichkeiten in der gesamten Rangordnung einnehmen, sie mussten doch nicht weniger, ebenso wie die anderen, der ihnen zugewiesenen Ordnung entsprechend zum Erscheinen berufen sein. Was in dieser Hinsicht traditionsgemäß die letzte Phase des Zyklus kennzeichnet, ist, könnte man sagen, die Nutzung all dessen, was während der vorhergehenden Phasen vernachlässigt oder verworfen wurde; und tatsächlich können wir genau das in der modernen Kultur feststellen, die gewissermaßen nur von dem lebt, was die vorherigen Kulturen nicht haben wollten. Um sich dies klarzumachen, braucht man nur zu sehen, wie die Vertreter derjenigen Kulturen, die sich in der östlichen Welt bisher erhalten haben, die westlichen Wissenschaften und ihre industriellen Anwendungen einschätzen. Diese sekundären Erkenntnisse, die vom Standpunkt derjenigen, die Wissen einer anderen Ordnung besitzen, so fruchtlos sind, mussten dennoch »verwirklicht« werden, und dies konnten sie nur in einem Stadium, in dem wahre Geistigkeit verschwunden sein musste. Derartige Forschungen von ausschließlich praktischer Bedeutung im engsten Sinne des Wortes mussten betrieben werden, doch dies konnte nur geschehen im äußersten Gegensatz zur ursprünglichen Spiritualität, und das von Menschen, die so sehr in der Materie versunken waren, dass sie nichts darüber Hinausgehendes begriffen und umso mehr Sklaven dieser Materie wurden, je mehr sie sich ihrer bedienen mochten, was sie zu einer ständig zunehmenden, regel- und ziellosen Hektik trieb, sodass sie sich in bloßer Vielheit verzettelten, was zur endgültigen Auflösung führte.

In großen Zügen skizziert und auf das Wesentliche beschränkt ist dies die wahre Erklärung der modernen Welt. Doch sagen wir es ganz unmissverständlich: Diese Erklärung kann keineswegs als Rechtfertigung angesehen werden. Wenn ein Unglück unvermeidlich ist, ist es doch nicht weniger ein Unglück; und selbst wenn aus dem Schlechten etwas Gutes entstehen soll, nimmt dies dem Schlechten nicht sein Wesen. Natürlich verwenden wir diese Begriffe »gut« und »schlecht« hier nur, um uns besser verständlich zu machen, und befinden uns damit außerhalb jeder spezifisch »moralischen« Zielsetzung. Partielle Unordnungen müssen durchaus sein, weil sie für die Gesamtordnung notwendige Elemente sind. Trotzdem ist eine Epoche der Unordnung an sich etwas, was sich mit einer Monstrosität vergleichen lässt, die zwar das Ergebnis bestimmter Naturgesetze ist, sich aber nicht weniger als eine Fehlentwicklung und eine Art Irrtum erweist, oder man kann sie mit einer Katastrophe vergleichen, die sich zwar aus dem normalen Verlauf der Dinge ergibt, aber eine Umwälzung und eine Abnormität ist, wenn man sie getrennt betrachtet. Die moderne Kultur hat wie alle Dinge zwangsläufig ihre Daseinsberechtigung, und wenn sie wirklich diejenige ist, die einen Zyklus beendet, kann man sagen, dass sie ist, was sie sein muss, dass sie zu ihrer Zeit und an ihrem richtigen Platz kommt; doch sie muss deshalb nicht weniger nach dem allzu oft missverstandenen Wort des Evangeliums beurteilt werden: »Es ist unmöglich, dass nicht Ärgernisse kommen; weh aber dem, durch welchen sie kommen!«

ZWEITES KAPITEL

Der Gegensatz zwischen Osten und Westen

Ein besonderer Wesenszug der modernen Welt ist die Spaltung, die man in ihr zwischen Osten und Westen feststellt; und obwohl wir diese Frage bereits eingehender behandelt haben, ist es erforderlich, hier darauf zurückzukommen, um bestimmte Aspekte zu präzisieren und einige Missverständnisse zu beseitigen. Tatsächlich hat es immer verschiedene und vielfältige Kulturen gegeben, von denen sich jede auf eine ihr eigentümliche Weise entwickelt hat, und zwar in einem Sinne, der den Fähigkeiten eines bestimmten Volkes oder einer bestimmten Rasse entsprach. Doch Unterscheidung bedeutet nicht Gegensatz, und es kann so etwas wie Äquivalenz zwischen Kulturen mit ganz unterschiedlichen Formen geben, sobald sie alle auf denselben Grundprinzipien beruhen, wobei sie lediglich deren von mannigfaltigen Umständen bedingte Anwendungen darstellen. Dies gilt für alle Kulturen, die wir normal oder auch traditionell nennen können. Zwischen ihnen gibt es keinen wesentlichen Gegensatz, und Unterschiede, wenn es welche gibt, sind nur äußerlich und oberflächlich. Einer Kultur, die kein höheres Prinzip anerkennt und in Wirklichkeit nur auf einer Negation der Prinzipien beruht, fehlt hingegen gerade dadurch jede Möglichkeit einer Verständigung mit den anderen, denn damit diese Verständigung wahrhaft tief und wirksam wird, kann sie sich nur von oben durchsetzen, das heißt gerade durch das, was es in dieser anormalen und irregeleiteten Kultur nicht gibt. Im gegenwärtigen Zustand der Welt haben wir also auf der einen Seite all jene Kulturen, die dem traditionellen Geist treu geblieben sind, und das sind die östlichen Kulturen, und auf der anderen Seite eine unverkennbar traditionsfeindliche Kultur, und das ist die moderne westliche Kultur.

Manche haben jedoch sogar angezweifelt, dass die Teilung der Menschheit in Osten und Westen überhaupt einer Realität entspricht; aber wenigstens für die heutige Zeit kann dies offenbar nicht ernsthaft infrage gestellt werden. Dass es zunächst einmal eine westliche, Europa und Amerika gemeinsame Kultur gibt, ist eine Tatsache, über die sich alle einig sein müssen, welches Urteil man ansonsten über den Wert dieser Kultur fällen mag. Für den Osten liegen die Dinge weniger einfach, weil es tatsächlich nicht eine, sondern mehrere östliche Kulturen gibt. Doch es genügt, dass sie bestimmte gemeinsame Züge besitzen, jene, die kennzeichnen, was wir eine traditionelle Kultur genannt haben, und dass sich dieselben Züge nicht bei der westlichen Kultur finden, damit die Unterscheidung und sogar der Gegensatz zwischen Osten und Westen vollständig gerechtfertigt ist. Nun verhält es sich aber wirklich so, und der traditionelle Charakter ist tatsächlich allen östlichen Kulturen gemeinsam, bei denen wir, um unsere Vorstellungen konkreter zu gestalten, an die allgemeine Aufteilung erinnern wollen, die wir zuvor vorgenommen hatten und die, obwohl sie vielleicht ein wenig zu sehr vereinfachend ist, sobald man auf Einzelheiten eingehen wollte, genau zutrifft, falls man sich an die großen Linien hält: der Ferne Osten, der im Wesentlichen von der chinesischen Kultur, der Mittlere Osten, der von der hinduistischen Kultur, und der Nahe Osten, der von der islamischen Kultur vertreten wird. Man sollte hinzufügen, dass diese letztgenannte Kultur in vieler Hinsicht eher als Vermittlerin zwischen Osten und Westen angesehen werden sollte und sie sich durch viele Wesenszüge vor allem dem annähert, was die westliche Kultur des Mittelalters war; doch wenn man sie im Verhältnis zum modernen Westen betrachtet, muss man anerkennen, dass sie sich ihm in gleicher Weise wie die eigentlich östlichen Kulturen entgegenstellt, mit denen man sie daher in dieser Hinsicht verbinden muss.

Wesentlich ist, gerade diesen Punkt nachdrücklich zu betonen: Der Gegensatz zwischen Osten und Westen hatte keine Daseinsberechtigung, als es traditionelle Kulturen auch im Westen gab. Er hat einen Sinn nur in Bezug auf den modernen Westen, denn er ist weitaus mehr der Gegensatz zweier Geisteshaltungen als der zweier mehr oder weniger klar definierter geografischer Einheiten. In manchen Zeitaltern, von denen uns das Mittelalter am nächsten ist, glich der westliche Geist durch seine wichtigsten Aspekte viel stärker dem, was der östliche Geist noch heute ist, als dem, was er selber in den modernen Zeiten geworden ist. Die westliche Kultur war damals mit den östlichen Kulturen vergleichbar, und zwar gleichermaßen, wie diese untereinander vergleichbar sind. In den letzten Jahrhunderten ist ein beträchtlicher Wandel eingetreten. Er ist viel schwerwiegender als alle Verirrungen, die früher in Dekadenzepochen auftreten konnten, weil er sogar derart weit geht, dass er die der menschlichen Tätigkeit gegebene Richtung wirklich umkehrt – und dieser Wandel ist ausschließlich in der westlichen Welt entstanden. Wenn wir vom westlichen Geist sprechen und uns darauf beziehen, was gegenwärtig existiert, hat man folglich nichts anderes als den modernen Geist darunter zu verstehen; und da sich der andere

Geist nur im Osten erhalten hat, können wir ihn, stets in Bezug auf die gegenwärtigen Bedingungen, als östlichen Geist bezeichnen. Diese beiden Begriffe drücken im Grunde nichts anderes als einen Sachverhalt aus; und wenn sich ganz klar zeigt, dass eine der zwei gegenwärtig vorhandenen Geisteshaltungen tatsächlich westlich ist, weil ihr Erscheinen zur jüngeren Geschichte gehört, so wollen wir doch nicht voreilig über die Herkunft der anderen urteilen, die einst Osten und Westen gemeinsam war und deren Ursprung eigentlich mit dem der Menschheit selbst gleichgesetzt werden muss, denn dies ist der Geist, den man als normal bezeichnen könnte, und sei es nur deshalb, weil er alle uns mehr oder weniger vollständig bekannten Kulturen inspiriert hat, eine einzige ausgenommen, und das ist die moderne westliche Kultur.

Einige Leute, die sich gewiss nicht die Mühe gemacht hatten, unsere Bücher zu lesen, glaubten, sie müssten uns vorwerfen, wir hätten gesagt, allen traditionellen Lehren sei ein östlicher Ursprung gemeinsam, und selbst das westliche Altertum hätte seine Traditionen zu allen Zeiten stets aus dem Osten übernommen. Etwas Derartiges haben wir nie geschrieben, nicht einmal etwas, das eine solche Meinung nahelegen könnte, und dies aus dem einfachen Grund, weil wir sehr gut wissen, dass dies falsch ist. Tatsächlich widersprechen gerade die traditionellen Sachverhalte eindeutig einer solchen Behauptung: Überall findet man die ausdrückliche Bestätigung, dass die ursprüngliche Tradition des gegenwärtigen Zyklus aus den hyperboreischen Regionen gekommen ist. Hierauf gab es mehrere zweitrangige Strömungen, die zu verschiedenen Perioden gehörten und von denen eine der bedeutsamsten, zumindest unter denen, deren Spuren sich noch nachweisen lassen, unbestreitbar vom Westen auf den Osten ausstrahlte. Doch all das bezieht sich auf weit zurückliegende Epochen, die zu den im Allgemeinen als »prähistorisch« bezeichneten gehören, und damit wollen wir uns nicht beschäftigen. Als Erstes möchten wir darauf hinweisen, dass das Gut der ursprünglichen Tradition seit Langem in den Osten verlagert wurde und dass sich die Lehrformen, die am unmittelbarsten aus ihr hervorgegangen sind, jetzt dort befinden. Dann möchten wir betonen, dass der wahre traditionelle Geist mit allem, was zu ihm gehört, unter den gegenwärtigen Bedingungen nur noch im Osten echte Vertreter hat.

Um diese Klarstellung zu vervollständigen, müssen wir uns auch – wenigstens kurz – zu gewissen Vorstellungen von der Erneuerung einer »westlichen Tradition« äußern, die in verschiedenen zeitgenössischen Kreisen entstanden sind. Das einzige Interessante daran ist im Grunde: Sie beweisen, dass manche Geister nicht mehr mit der modernen Negation zufrieden sind und das Bedürfnis nach etwas anderem als dem verspüren, was ihnen unser Zeitalter bietet, dass sie in der einen oder anderen Form die Möglichkeit einer Rückkehr zur Tradition erahnen, als dem einzigen Mittel, aus der gegenwärtigen Krise herauszufinden. Unglücklicherweise ist der »Traditionalismus« durchaus nicht dasselbe wie der wahre traditionelle Geist – er kann lediglich, und tatsächlich ist er sehr oft nichts weiter als das, eine bloße Tendenz, eine mehr oder weniger vage Bestrebung sein, die keine wirkliche Erkenntnis voraussetzt. Und in der geistigen Verwirrung unserer Zeit verursacht dieses Streben vor allem, das muss man durchaus sagen, fantastische und schimärische Auffassungen, denen jede ernsthafte Grundlage fehlt. Da man keine echte Tradition findet, auf die man sich stützen kann, geht man so weit, sich Scheintraditionen vorzustellen, die es nie gegeben hat und denen es ebenso sehr wie dem, das man durch sie ersetzen möchte, an Prinzipien fehlt. Die ganze moderne Unordnung spiegelt sich in diesen Konstruktionen wider, und ganz gleich, von welchen Absichten sich ihre Urheber leiten lassen, besteht das einzige Ergebnis, das sie erreichen, darin, einen weiteren Beitrag zum allgemeinen Ungleichgewicht zu leisten. Nur um an ein Beispiel in diesem Bereich zu erinnern, möchten wir die angebliche »westliche Tradition« erwähnen, die manche Okkultisten mithilfe der disparatesten Elemente fabrizieren und die vor allem dazu ausersehen ist, mit einer nicht minder imaginären »östlichen Tradition«, jener der Theosophisten, zu konkurrieren. An anderer Stelle haben wir diese Dinge ausreichend kommentiert, und wir gehen lieber sofort dazu über, einige andere Theorien zu untersuchen, die offenbar größere Aufmerksamkeit verdienen, weil man bei ihnen wenigstens das Verlangen findet, sich auf Traditionen zu berufen, die tatsächlich existiert haben.

Weiter oben haben wir auf die aus den westlichen Regionen stammende traditionelle Strömung hingewiesen. Die Berichte der antiken Autoren über Atlantis weisen auf ihren Ursprung hin. Nach dem Verschwinden dieses Kontinents, der letzten großen Katastrophe der Vergangenheit, scheint es nicht zweifelhaft, dass Reste seiner Tradition in unterschiedliche Regionen übertragen wurden, wo sie sich mit anderen, schon vorher existierenden Traditionen vermischt haben, hauptsächlich mit Zweigen der großen hyperboreischen Tradition; und es ist sehr gut möglich, dass insbesondere die Lehren der Kelten ein Produkt dieser Verschmelzung sind. Wir stellen diese Dinge bei Weitem nicht in Abrede – aber man soll sehr wohl Folgendes bedenken: dass nämlich die eigentlich »atlanteische« Form zusammen mit der Kultur, zu der sie gehörte, vor Tausenden von Jahren verschwunden ist und deren Zerstörung nur infolge einer Fehlentwicklung eingetreten sein kann. Diese ließ sich in mancher Hinsicht vielleicht mit der vergleichen, die wir heute feststellen, wobei es jedoch einen beträchtlichen Unterschied gibt, der darin liegt, dass die Menschheit damals noch nicht ins *Kali-Yuga* eingetreten war. Außerdem entsprach diese Tradition nur einer sekundären Periode unseres Zyklus, und es wäre ein schwerwiegender Irrtum, wenn man sie mit der ursprünglichen Tradition identifizieren wollte, aus der alle anderen hervorgegangen sind und die allein vom Anfang bis zum Ende erhalten bleibt. Es wäre unangebracht, hier alle Einzelheiten darzulegen, die diese Erklärungen rechtfertigen; wir werden lediglich die entsprechende Schlussfolgerung berücksichtigen, die darin besteht, dass es unmöglich ist, gegenwärtig eine »atlanteische« Tradition wieder aufleben zu lassen oder sogar mehr oder weniger direkt an sie anzuknüpfen; außerdem gibt es bei derartigen Versuchen viele Fantastereien. Nicht weniger wahr ist, dass es interessant sein kann, nach dem Ursprung der Elemente zu suchen, die sich in den späteren Traditionen finden – vorausgesetzt, man tut es mit allen erforderlichen Vorsichtsmaßnahmen, um sich vor gewissen Illusionen zu bewahren. Aber diese Forschungen können keinesfalls zum Wiederaufleben einer Tradition führen, die an keine der gegenwärtigen Bedingungen unserer Welt angepasst wäre.

Es gibt andere, die sich dem »Keltismus« anschließen wollen, und weil sie sich somit auf etwas berufen, das von uns weniger weit entfernt ist, mag der Eindruck entstehen, dass ihr Vorschlag weniger unausführbar ist – doch wo sollen sie heute diesen »Keltismus« im Reinzustand finden, der noch ausreichende Vitalität besäße, damit man sich auf ihn stützen könnte? Tatsächlich sprechen wir nicht von archäologischen oder lediglich »literarischen« Nachgestaltungen, wie man schon einige erlebt hat. Hier handelt es sich um etwas ganz anderes. Es trifft zu, dass deutlich erkennbare und auch noch nutzbare keltische Elemente durch verschiedene Vermittlungen zu uns gelangt sind; aber diese Elemente verkörpern bei Weitem nicht eine vollständige Tradition. Und was dabei überrascht: Gerade in den Ländern, wo diese Tradition früher lebendig war, wird sie jetzt noch vollständiger als die Traditionen vieler Kulturen übersehen, die ebendiesen Ländern stets fremd gewesen waren. Gibt es hierin nicht etwas, das Stoff zum Nachdenken liefern sollte, wenigstens für diejenigen, die nicht vollständig von einer vorgefassten Vorstellung beherrscht werden? Wir wollen noch mehr sagen: In allen Fällen wie diesem, wo man es mit Spuren zu tun hat, die von verschwundenen Kulturen hinterlassen wurden, kann man sie nur richtig verstehen, wenn man sie mit dem vergleicht, was es in den noch lebendigen traditionellen Kulturen an Ähnlichem gibt. Selbst über das Mittelalter – in dem es so vieles gibt, dessen Bedeutung für die modernen Westler verloren gegangen ist – kann man das Gleiche sagen. Diese Verbindung mit den Traditionen, deren Geist immer noch fortbesteht, ist sogar die einzige Möglichkeit, um wiederzubeleben, was noch dazu fähig ist; und darin besteht, worauf wir schon sehr oft hingewiesen haben, einer der größten Dienste, den der Osten dem Westen leisten kann. Wir leugnen nicht, dass ein gewisser »keltischer Geist« überlebt, der sich immer noch in verschiedenen Formen äußern kann, wie er es schon in unterschiedlichen Zeitaltern getan hat. Doch wenn man uns versichert, dass es immer noch spirituelle Zentren gibt, welche die druidische Tradition uneingeschränkt bewahren, so erwarten wir, dass man uns den entsprechenden Beweis liefert, und einstweilen halten wir dies für sehr zweifelhaft, wenn nicht gar vollständig unwahrscheinlich.

Tatsächlich wurden die fortbestehenden keltischen Elemente im Mittelalter zum größten Teil vom Christentum vereinnahmt. Die Legende vom »Heiligen Gral«, mit allem, was damit zusammenhängt, ist in dieser Hinsicht ein besonders beweiskräftiges und bedeutsames Beispiel. Wir meinen außerdem, dass eine westliche Tradition, wenn sie sich neu gestalten könnte, zwangsläufig eine im strengsten Sinne des Wortes religiöse äußere Form annehmen würde und dass diese Form nur christlich sein könnte, denn die anderen möglichen Formen sind einerseits seit allzu langer Zeit der westlichen Mentalität fremd, und andererseits finden sich im Westen allein im Christentum – sagen wir es noch genauer: im Katholizismus – die noch überlebenden traditionellen Geistesreste. Jeder »traditionalistische« Versuch, der diese Tatsache nicht berücksichtigt, ist unausweichlich zum Misserfolg verurteilt, weil ihm die Grundlage fehlt. Allzu offensichtlich ist, dass man sich nur auf das stützen kann, was tatsächlich existiert, und dass es dort, wo die Kontinuität fehlt, nur künstliche und nicht lebensfähige Nachgestaltungen geben kann. Wenn man einwendet, dass das Christentum selbst in unserer Zeit kaum noch wahrhaftig und in seinem tiefen Sinn verstanden werden kann, entgegnen wir darauf, dass es wenigstens in seiner eigenen Form alles bewahrt hat, was notwendig ist, um die Grundlage zu liefern, um die es geht. Der am wenigsten schimärische Versuch, sogar der einzige, der nicht auf unmittelbare Schranken stößt, wäre also derjenige, der etwas wiederherstellen möchte, was sich mit dem im Mittelalter Existierenden vergleichen lässt, allerdings mit den Unterschieden, die von den veränderten Umständen verlangt werden; und bei allem, was im Westen vollständig verloren ist, sollte man sich auf die Traditionen berufen, die sich uneingeschränkt erhalten haben, worauf wir gerade hingewiesen haben, und danach eine Anpassungsarbeit leisten, die nur das Werk einer zuverlässig konstituierten geistigen Elite sein könnte. All das haben wir bereits gesagt. Aber es ist zweckmäßig, es nochmals nachdrücklich zu betonen, weil sich gegenwärtig allzu viele haltlose Träumereien frei entfalten; und auch, weil man Folgendes genau verstehen muss: Wenn sich die östlichen Traditionen in ihren eigenen Formen von einer Elite, die gleichsam definitionsgemäß über alle Formen hinausgelangt sein muss, sicherlich aneignen lassen, so vermögen dies die Menschen des Westens, für die sie nicht geschaffen wurden, im Allgemeinen gewiss nicht, sofern keine unvorhergesehenen Wandlungen eintreten. Wenn sich eine westliche Elite bilden kann, wird ihr die wahre Kenntnis der östlichen Lehren aus dem soeben von uns angegebenen Grund unentbehrlich sein, um ihre Aufgabe zu erfüllen. Jene aber, die nur den Nutzen dieser Arbeit genießen werden und die zur größten Zahl gehören, können sich dieser Dinge überhaupt nicht bewusst sein, aber der Einfluss, dem sie hierdurch unterliegen werden, gewissermaßen, ohne es zu ahnen, und auf jeden Fall durch Mittel, die ihnen vollständig entgehen, wird darum nicht weniger real und nicht weniger wirksam sein. Wir haben nie etwas anderes gesagt – doch wir haben geglaubt, wir müssten es hier so eindeutig wie möglich wiederholen. Wenn wir nämlich damit rechnen müssen, dass uns nicht immer alle uneingeschränkt verstehen, so kommt es uns wenigstens darauf an, dass man uns keine Absichten zuschreibt, die durchaus nicht die unsrigen sind.

Aber lassen wir jetzt alle Zukunftsbetrachtungen beiseite, denn uns muss ja vor allem der gegenwärtige Zustand der Dinge beschäftigen, und kommen wir noch einen Augenblick auf die Ideen von der Wiederherstellung einer »westlichen Tradition« zurück, wie wir sie in unserem Umkreis bemerken können. Eine einzige Feststellung würde genügen, um zu zeigen, dass diese Ideen keineswegs »in Ordnung« sind, wenn man sich so ausdrücken darf: Sie sind nämlich beinahe immer in einem mehr oder minder eingestandenen Geist der Feindseligkeit gegenüber dem Osten ausgebildet. Selbst jene, die sich auf das Christentum stützen möchten, werden zuweilen, das muss man deutlich sagen, von diesem Geist beseelt. Wie es scheint, versuchen sie vor allem, Gegensätze zu entdecken, die es in Wirklichkeit überhaupt nicht gibt. Darum haben wir gehört, dass man diese absurde Meinung äußert: Auch wenn sich dieselben Dinge zugleich im Christentum und in den östlichen Lehren finden und von beiden Seiten in nahezu identischer Form ausgedrückt werden, so haben sie jedoch nicht in beiden Fällen dieselbe Bedeutung, sondern sogar eine gegensätzliche! Wer derartige Behauptungen äußert, beweist damit, dass er, welche Absichten er auch verfolgt, im Verständnis der traditionellen Lehren nicht weit vorgedrungen ist, weil er nicht die grundsätzliche Identität gesehen hat, die sich hinter allen äußeren formalen Unterschieden verbirgt, und sogar dort, wo diese Identität vollkommen offensichtlich wird, versteift man sich darauf, sie nicht anzuerkennen. Diese Leute betrachten daher das Christentum selbst auf ganz äußerliche Weise, die nicht der Vorstellung von einer wahren traditionellen, eine vollständige Synthese in allen Bereichen bietenden Lehre entsprechen kann. Ihnen fehlt das Prinzip. Darin sind sie weitaus mehr, als sie es sich vorstellen können, vom modernen Geist beeinflusst, gegen den sie gleichwohl reagieren möchten; und wenn es bei ihnen vorkommt, dass sie das Wort »Tradition« gebrauchen, verwenden sie es gewiss nicht in demselben Sinn wie wir.

In dem geistigen Durcheinander, das unser Zeitalter kennzeichnet, ist man dazu gekommen, dasselbe Wort »Tradition« unterschiedslos auf alle möglichen, oft recht unbedeutenden Dinge anzuwenden, wie etwa einfache Sitten ohne jede Tragweite und zuweilen von jüngerer Herkunft; an anderer Stelle haben wir auf einen gleichartigen Missbrauch in Bezug auf das Wort »Religion« hingewiesen. Man muss diesen sprachlichen Verirrungen misstrauen, die eine gewisse Entartung der entsprechenden Ideen verraten. Nicht deshalb, weil sich jemand als »Traditionalist« bezeichnet, ist es sicher, dass er auch nur unvollkommen weiß, was Tradition im wahren Sinne des Wortes ist. Wir persönlich lehnen es rundheraus ab, diesen Namen allem zu geben, was zum rein menschlichen Bereich gehört. Es ist nicht unangebracht, dies ausdrücklich zu erklären, wenn man beispielsweise fortwährend einen Ausdruck wie »traditionelle Philosophie« findet. Eine Philosophie, selbst wenn sie wirklich alles ist, was sie sein kann, hat kein Recht auf diese Bezeichnung, weil sie vollständig zur rationalen Ordnung gehört, mag sie auch nicht verleugnen, was über sie hinausgeht, und weil sie nur eine Konstruktion ist, die von einzelnen Menschen ohne irgendeine Offenbarung oder Inspiration gestaltet wurde – oder, um all das in einem Wort zusammenzufassen, weil sie etwas wesenhaft »Profanes« ist. Außerdem, und das trotz aller Illusionen, die manchen offenbar gefallen, kann eine ganz »den Büchern nachempfundene« Wissenschaft gewiss nicht ausreichen, um die Mentalität einer Rasse und eines Zeitalters zu erneuern. Hierfür ist etwas anderes als philosophische Spekulation notwendig, die selbst im günstigsten Fall durch ihr eigenes Wesen dazu verurteilt ist, ganz äußerlich und weitaus verbaler als real zu bleiben. Um die verlorene Tradition wiederherzustellen und wahrhaft neu zu beleben, macht sich die Verbindung mit dem lebendigen traditionellen Geist erforderlich, und, das haben wir schon gesagt, nur im Osten ist dieser Geist noch vollkommen lebendig. Deshalb trifft es nicht weniger zu, dass gerade dies im Westen hauptsächlich das Streben nach einer Rückkehr zu jenem traditionellen Geist voraussetzt, doch etwas Derartiges kann kaum mehr als eine einfache Bestrebung sein. Die wenigen bisher aufgekommenen Bewegungen einer »antimodernen« Reaktion, die nach unserer Meinung außerdem recht unvollständig ist, können uns in dieser Überzeugung nur bestätigen, denn all das, was in seinem negativen und kritischen Teil gewiss ausgezeichnet ist, bleibt dennoch von einer Wiederherstellung der wahren Geistigkeit weit entfernt und entwickelt sich nur innerhalb der Grenzen eines sehr eingeschränkten geistigen Horizonts. Doch bemerkenswert ist es immerhin in dem Sinne, dass es ein Hinweis auf einen Geisteszustand ist, während noch vor wenigen Jahren die kleinste Spur davon zu finden, sehr schwergefallen wäre. Wenn sich alle Menschen des Westens nicht mehr einmütig mit der ausschließlich materiellen Entwicklung der modernen Kultur und Zivilisation zufriedengeben, ist dies vielleicht ein Zeichen, dass für sie jede Hoffnung auf Rettung noch nicht ganz verloren ist.

Wie dem auch sei – wenn man annimmt, dass der Westen auf irgendeine Weise zu seiner Tradition zurückfindet, so würde sein Gegensatz zum Osten gerade dadurch aufgehoben und nicht länger existieren, denn dieser ist ja nur durch die Verirrung des Westens entstanden, die in Wirklichkeit gerade in dem Gegensatz zwischen traditionellem und traditionsfeindlichem Geist besteht. Im Widerspruch zu dem, was diejenigen annehmen, auf die wir soeben hingewiesen haben, würde die Rückkehr zur Tradition somit als eine ihrer ersten Folgen eine unmittelbare Verständigung mit dem Osten erlauben, wie sie zwischen allen Kulturen möglich ist, die vergleichbare oder gleichwertige Elemente besitzen, und das gilt nur für derartige Kulturen, denn diese Elemente stellen den einzigen Bereich dar, in dem sich die Verständigung wirksam vollziehen kann. Welche Form der wahre traditionelle Geist auch annimmt, im Grunde ist er überall und immer derselbe. Die unterschiedlichen Formen, die an diese oder jene geistigen Bedingungen, diese oder jene zeitlichen oder örtlichen Umstände besonders angepasst sind, erweisen sich nur als Äußerungen ein und derselben Wahrheit; doch man muss in der Lage sein, die Position der reinen Geistigkeit einzunehmen, um diese grundsätzliche Einheit hinter der scheinbaren Vielfalt zu entdecken. In diesem Bereich der Geistigkeit liegen außerdem die Prinzipien, von denen alles Übrige als Folgen oder mehr oder weniger weit entfernte Anwendungen normalerweise abhängt. Also muss man sich vor allem über diese Prinzipien einigen, wenn es sich um eine wahrhaft weitreichende Verständigung handeln soll, denn darin besteht alles Wesentliche; und sobald man sie wirklich versteht, stellt sich die Einigung von selbst her. Tatsächlich muss man beachten, dass die Erkenntnis der Prinzipien, welche die Erkenntnis schlechthin, die metaphysische Erkenntnis im wahren Sinne des Wortes ist, universell wie die Prinzipien selbst, somit von allen individuellen Kontingenzen vollständig gelöst ist, während diese hingegen zwangsläufig eingreifen, sobald man zu den Anwendungen kommt; daher ist dieser rein geistige Bereich der einzige, bei dem keine Anpassungsbemühungen zwischen unterschiedlichen Mentalitäten notwendig sind. Wenn eine solche Arbeit vollbracht wird, braucht man außerdem nur noch ihre Ergebnisse herauszustellen, damit die Einigung in allen übrigen Bereichen ebenfalls verwirklicht wird, denn, wie wir soeben gesagt haben, davon hängt alles direkt oder indirekt ab. Hingegen wird die in einem besonderen

Bereich unabhängig von den Prinzipien erreichte Einigung immer überaus labil und prekär bleiben und viel eher einer diplomatischen Absprache als einer wahrhaftigen Verständigung ähneln. Darum kann diese Verständigung, worauf wir noch einmal nachdrücklich hinweisen, sich tatsächlich nur von oben und nicht von unten vollziehen, und dies ist in einem doppelten Sinne zu verstehen: Man muss vom Höchsten ausgehen, das heißt von den Prinzipien, um danach schrittweise zu den verschiedenen Anwendungsbereichen hinabzusteigen, wobei stets die hierarchische Abhängigkeit, die es zwischen ihnen gibt, streng zu beachten ist. Dieses Werk kann aufgrund seines Wesens nur das einer Elite sein, wobei man diesem Wort seine wahrste und vollständigste Bedeutung gibt: Wir wollen ausschließlich von einer geistigen Elite sprechen, und in unseren Augen kann es keine anderen Eliten geben, denn alle äußerlichen gesellschaftlichen Unterscheidungen sind von unserem Standpunkt aus ohne jedes Gewicht.

Diese wenigen Überlegungen können schon alles verdeutlichen, was der modernen westlichen Kultur fehlt, und dies nicht nur in Bezug auf die Möglichkeit einer tatsächlichen Annäherung an die östlichen Kulturen, sondern auch hinsichtlich dessen, was sie an sich benötigt, um eine normale und vollständige Kultur zu sein. Außerdem sind beide Fragen tatsächlich so eng miteinander verbunden, dass sie zu einem Ganzen verschmelzen, und wir haben gerade die Gründe genannt, warum es sich so verhält. Nun müssen wir vollständiger nachweisen, worin der traditionsfeindliche Geist besteht, der eigentlich der moderne Geist ist, und welche Folgen er mit sich bringt, wobei wir sehen, wie sich diese Folgen in den gegenwärtigen Ereignissen mit unerbittlicher Logik entwickeln – doch bevor wir so weit kommen, macht sich noch eine letzte Überlegung erforderlich. Es heißt durchaus nicht, dass man »antiwestlich« ist, sofern man dieses Wort gebrauchen darf, wenn man entschieden »antimodern« ist, denn dies heißt im Gegenteil, die einzige lohnende Anstrengung zu unternehmen, um zu versuchen, den Westen aus seiner eigenen Unordnung zu erretten. Zudem kann kein seiner eigenen Tradition treuer Vertreter des Ostens die Dinge anders betrachten, als wir es selber tun. Gewiss gibt es viel weniger Gegner des Westens an sich, was übrigens kaum einen Sinn hätte, als vielmehr des Westens, insofern er sich mit der modernen Zivilisation identifiziert. Manche reden heute über die »Verteidigung des Abendlandes«, was wahrhaft einzigartig ist, wo doch gerade dieses, wie wir später sehen werden, die Gefahr heraufbeschwört, alles zu überfluten und die ganze Menschheit in den Wirbel seiner ungezügelten Tätigkeit hineinzuziehen. »Einzigartig«, sagen wir, und ganz und gar ungerechtfertigt, insofern sie meinen, wie es trotz mancher Einschränkungen wirklich der Fall zu sein scheint, dass diese Verteidigung gegen den Osten gerichtet sein muss, denn der wahre Osten denkt nicht daran, irgendetwas anzugreifen oder zu beherrschen. Er verlangt nach nichts anderem als seiner Unabhängigkeit und seiner Ruhe, was ganz legitim ist, wie man zugeben wird. Wahr ist jedoch, dass es der Westen tatsächlich sehr nötig hat, verteidigt zu werden, jedoch einzig gegen sich selbst, gegen seine eigenen Neigungen, die, wenn sie zum Äußersten getrieben werden, ihm unausweichlich Untergang und Zerstörung bringen. Man sollte somit von einer »Umgestaltung des Westens« sprechen; und wenn diese Umgestaltung wäre, was sie sein muss, das heißt eine wahre traditionelle Wiederherstellung, hätte sie eine Annäherung an den Osten als ganz natürliche Folge. Was uns betrifft, so verlangen wir nur danach, im Rahmen unserer Möglichkeiten gleichzeitig zu dieser Umgestaltung und dieser Annäherung beizutragen, sofern allerdings noch genug Zeit dafür ist und sich ein solches Ergebnis vor der endgültigen Katastrophe erreichen lässt, der die moderne Zivilisation mit großen Schritten entgegengeht. Doch auch wenn es schon zu spät sein sollte, um diese Katastrophe zu vermeiden, wäre die in diesem Sinne geleistete Arbeit nicht unnütz, denn sie würde in jedem Fall dazu dienen, so weit entfernt dies auch sein mag, jene »Unterscheidung« vorzubereiten, von der wir am Anfang gesprochen haben, und so die Bewahrung der Elemente zu gewährleisten, die dem Schiffbruch der gegenwärtigen Welt entgehen müssen, damit sie zu Keimen der zukünftigen Welt werden.

DRITTES KAPITEL

Erkenntnis und Tat

Jetzt wollen wir uns ganz besonders einem Hauptaspekt des Gegensatzes zuwenden, der gegenwärtig zwischen dem östlichen und dem westlichen Geist besteht und, allgemeiner gesagt, der zwischen dem traditionellen und dem traditionsfeindlichen Geist ist, wie wir erklärt haben. Aus einer bestimmten Position, die im Übrigen eine der wesentlichsten ist, erscheint dieser Gegensatz als der zwischen Kontemplation und Tat, oder er betrifft, um es genauer zu sagen, den jeweiligen Stellenwert, den man beiden Begriffe zuweisen muss. Diese können in ihrem Verhältnis auf unterschiedliche Arten angesehen werden: Sind sie wirklich gegensätzlich, wie man es offenbar meistens annimmt, oder sind sie nicht eher komplementäre Begriffe – oder gibt es nicht vielmehr zwischen ihnen eine Beziehung, die keine der Gleichordnung, sondern der Unterordnung ist? Das sind die unterschiedlichen Aspekte der Frage, und diese Aspekte beziehen sich auf ebenso viele Gesichtspunkte, die außerdem von sehr ungleichartiger Bedeutung sind, von denen sich aber jeder in gewisser Hinsicht rechtfertigen lässt und einem bestimmten Wirklichkeitsbereich entspricht.

Der oberflächlichste Standpunkt, der äußerlichste von allen, ist zunächst einmal der, der darin besteht, Kontemplation und Tat schlicht und einfach als gegensätzlich im eigentlichen Wortsinn einander entgegenzustellen. Der Gegensatz ist im äußeren Anschein tatsächlich vorhanden, das lässt sich nicht bestreiten – und doch, wenn dieser Gegensatz absolut unaufhebbar wäre, gäbe es eine vollständige Unvereinbarkeit zwischen Kontemplation und Tat, die sich somit nie verbinden ließen. Nun verhält es sich aber in Wirklichkeit nicht so. Wenigstens in den normalen Fällen gibt es kein Volk, ja vielleicht nicht einmal einen Einzelnen, der ausschließlich kontemplativ oder ausschließlich aktiv sein kann. Zutreffend ist, dass es zwei Neigungen gibt, von denen die eine oder die andere beinahe zwangsläufig herrscht, sodass sich die Entwicklung der einen anscheinend zum Nachteil der anderen vollzieht, und das aus dem einfachen Grund, dass die in ihrem allgemeinsten Sinn verstandene menschliche Tätigkeit sich nicht gleichermaßen und gleichzeitig in allen Bereichen und allen Richtungen ausüben lässt. Dies erweckt den Anschein eines Gegensatzes; doch es muss eine mögliche Versöhnung zwischen diesen tatsächlichen oder sogenannten Gegensätzen geben; übrigens könnte man das Gleiche über alle Gegensätze sagen, die es nicht länger sind, sobald man sich über eine gewisse Ebene – nämlich über die Ebene, auf welcher der Gegensatz seine ganze Realität hat – hinaus erhebt, um sie zu prüfen. Wer von Gegensatz oder Kontrast spricht, spricht gerade deshalb von Disharmonie oder Ungleichgewicht, das heißt von etwas, das – worauf wir schon ausreichend hingewiesen haben – nur von einem relativen, besonderen und beschränkten Standpunkt aus existieren kann.

Wenn man Kontemplation und Tat als komplementär ansieht, nimmt man einen Standpunkt ein, der bereits tiefgründiger und wahrer als der vorherige ist, weil der Gegensatz dabei versöhnt und aufgehoben ist, denn seine beiden Glieder halten sich gewissermaßen die Waage. Dann würde es sich offenbar um zwei gleichermaßen notwendige

Elemente handeln, die sich gegenseitig vervollständigen und stützen und die doppelte – innere und äußere – Tätigkeit ein und desselben Wesens bilden, sei es nun jeder Mensch für sich genommen oder die als Kollektiv angesehene Menschheit. Diese Auffassung ist sicher harmonischer und befriedigender als die erstgenannte; doch wenn man sich ausschließlich daran hielte, wäre man aufgrund der damit hergestellten Wechselbeziehung versucht, Kontemplation und Tat auf dieselbe Ebene zu versetzen, sodass man sich nur bemühen müsste, so weit wie möglich das Gleichgewicht zwischen ihnen zu halten, ohne jemals die Frage nach irgendeiner Überlegenheit des einen in Bezug auf das andere zu stellen. Aber dass sich diese Frage der Überlegenheit tatsächlich stellt und sich stets gestellt hat, ganz gleich, in welchem Sinne man sie lösen wollte, zeigt deutlich, dass ein solcher Standpunkt immer noch unzulänglich ist.

Die Frage, auf die es außerdem in diesem Zusammenhang ankommt, ist nicht die eines tatsächlichen Vorrangs, die im Grunde eine Sache des Temperaments oder der Rasse ist, sondern die eines sozusagen rechtmäßigen Vorrangs; und beides ist nur bis zu einem bestimmten Punkt miteinander verbunden. Die Anerkennung, dass eine der beiden Neigungen überlegen ist, wird gewiss dazu anregen, sie so weitgehend wie möglich zu stärken und der anderen vorzuziehen. Doch es trifft nicht weniger zu, dass der Platz, den Kontemplation und Tat im gesamten Leben eines Menschen oder eines Volkes einnehmen, sich in der praktischen Anwendung stets zum großen Teil aus dem eigentlichen Wesen des Betreffenden ergeben, denn hierbei muss man die besonderen Möglichkeiten eines jeden berücksichtigen. Offenkundig ist, dass die Fähigkeit zur Kontemplation bei den Vertretern des Ostens weiter verbreitet und allgemeiner entwickelt ist. Wahrscheinlich gibt es kein Land, in dem diese Fähigkeit so sehr ausgeprägt ist wie in Indien, und darum kann man dieses Land als den eigentlichen Vertreter dessen ansehen, was wir den östlichen Geist nennen. Unbestreitbar ist im Gegenzug, dass die Fähigkeit zur Tat, oder die sich aus dieser Fähigkeit ergebende Neigung, im Allgemeinen bei der großen Mehrheit der Individuen der westlichen Völker vorherrscht und dass diese Neigung, selbst wenn sie nicht übertrieben und irregeleitet wie heutzutage wäre, dennoch fortbestehen würde, sodass die Kontemplation dort stets nur die Angelegenheit einer viel kleineren Elite sein könnte. Deshalb sagt man in Indien gern, wenn der Westen zu einem normalen Zustand zurückkehrte und eine regelgemäße Gesellschaftsordnung besäße, würde man dort gewiss viele *Kshatriyas*, aber wenige *Brahmanen* finden.[8] Dies würde gleichwohl genügen, wenn sich die geistige Elite tatsächlich konstituiert hätte und ihre Vorrangstellung anerkannt wäre, damit alles wieder in geordneten Bahnen verliefe, denn die spirituelle Macht stützt sich keineswegs auf die Zahl, deren Gesetz das der Materie ist. Übrigens sollte man nicht übersehen, dass die bei den Westlern vorhandene natürliche Bereitschaft zur Tat sie im Altertum und vor allem im Mittelalter keineswegs daran hinderte, die Überlegenheit der Kontemplation, das heißt des reinen Verstandes anzuerkennen. Warum verhält es sich in der modernen Zeit anders? Weil die Westler, als sie ihre Handlungsfähigkeiten übermäßig entwickelten, schließlich ihre Geistigkeit verloren haben und, um sich darüber hinwegzutrösten, Theorien ersonnen haben, welche die Tat über alles andere stellen und gar wie der »Pragmatismus« so weit gehen, dass sie die Existenz von irgendetwas Gültigem außerhalb von ihr negieren? Oder ist es im Gegenteil diese Sichtweise, die zuallererst maßgeblich war und zu jener geistigen Atrophie geführt hat, wie wir sie heute feststellen? Bei beiden Hypothesen und auch in dem sehr wahrscheinlichen Fall, dass sich die Wahrheit in einer Kombination beider finden ließe, sind die Ergebnisse genau die gleichen. Da sich die Dinge so weit entwickelt haben, ist es höchste Zeit, ihnen entgegenzuwirken, und dabei, sagen wir es noch einmal, kann der Osten dem Westen zu Hilfe kommen, falls er es denn möchte, und das nicht, um ihm Auffassungen aufzuzwingen, die ihm fremd sind, wie manche offenbar befürchten, wohl aber, um ihm zu helfen, seine eigene Tradition wiederzufinden, deren Sinn er eingebüßt hat.

Man könnte sagen, die Antithese von Osten und Westen bestehe unter den gegenwärtigen Umständen darin, dass der Osten die Überlegenheit der Kontemplation über die Tat aufrechterhalte, während der moderne Westen im Gegenteil die Überlegenheit der Tat gegenüber der Kontemplation bejahe. Hier handelt es sich also nicht mehr wie vorhin, als lediglich von Gegensatz oder Komplementarität, also von einem Koordinationsverhältnis zwischen den beiden einander gegenüberstehenden Gliedern die Rede war, hier handelt es sich nicht mehr, wie wir betonen, um Standpunkte, von denen jeder seine Daseinsberechtigung haben kann und sich wenigstens als Ausdruck einer gewissen relativen Wahrheit anerkennen lässt; da ein Unterordnungsverhältnis seinem eigenen Wesen nach unumkehrbar ist, sind die beiden Auffassungen, sobald man einräumt, dass es tatsächlich eine Unterordnung gibt, wirklich widersprüchlich, schließen somit einander aus, sodass die eine zwangsläufig wahr und die andere falsch ist. Bevor wir zum eigentlichen Kern der Frage kommen, wollen wir noch dies festhalten: Während der Geist, der sich im Osten bewahrt hat, wirklich zu allen Zeiten gehört, wie wir weiter oben gesagt haben, ist der andere Geist erst in jüngster Zeit aufgetreten, was, von allen übrigen Gründen abgesehen, bereits den Gedanken nahelegen kann, dass er etwas Anormales ist. Dieser Eindruck wird gerade von der übertriebenen Haltung bestätigt, in die der moderne westliche Geist verfällt, weil er sich nach der ihm eigentümlichen Neigung richtet: Er gibt sich nicht damit zufrieden, bei jeder Gelegenheit die Überlegenheit der Tat zu verkünden, sondern geht so weit, sie zu seinem ausschließlichen Anliegen zu machen und der Kontemplation – deren wahres Wesen er außerdem vollständig übersieht oder verkennt – jeden Wert abzusprechen. Die östlichen Lehren hingegen bejahen zwar so klar wie möglich die Überlegenheit und sogar die Transzendenz der Kontemplation im Vergleich zur Tat, doch deshalb räumen sie dieser nicht weniger ihren rechtmäßigen Platz ein und erkennen bereitwillig ihre ganze Bedeutung im Bereich der menschlichen Kontingenzen an.[9]

Die östlichen Lehren und auch die alten westlichen Lehren bejahen einmütig, dass die Kontemplation der Tat überlegen ist, so wie das Unwandelbare dem Wandel überlegen ist.[10] Da die Tat nur eine vorübergehende und kurzzeitige Veränderung des Seins ist, kann sie ihr Prinzip und ihren zureichenden Grund nicht in sich selbst haben; wenn sie sich nicht mit einem Prinzip verbindet, das über ihren kontingenten Bereich hinausgeht, ist sie nur eine reine Illusion; und das Prinzip, dem sie die ganze Realität, zu der sie fähig ist, ihre Existenz und selbst ihre Möglichkeit entnimmt, lässt sich nur in der Kontemplation oder, wenn man dies vorzieht, in der Erkenntnis finden, denn die zwei Begriffe sind im Grunde synonym oder stimmen wenigstens überein, weil die Erkenntnis selbst und der Vorgang, durch den man sie erreicht, sich keinesfalls voneinander trennen lassen.[11] Ebenso ist der Wandel in seiner allgemeinsten Bedeutung unverständlich und widersprüchlich, das heißt unmöglich, wenn er nicht ein Prinzip hat, von dem er ausgeht, und gerade dadurch, dass es sein Prinzip ist, kann es ihm nicht unterworfen werden, ist also zwangsläufig unwandelbar; und darum hatte Aristoteles im westlichen Altertum die Notwendigkeit des »unbewegten Bewegers« aller Dinge bejaht. Diese Rolle des »unbewegten Bewegers« spielt die Erkenntnis gerade in Bezug auf die Tat; offensichtlich ist, dass diese ganz zur Welt des Wandels, des »Werdens« gehört. Allein die Erkenntnis ermöglicht es, diese Welt und die ihr innewohnenden Beschränkungen zu verlassen, und wenn sie das Unwandelbare erreicht, was bei der prinzipiellen oder metaphysischen Erkenntnis, der Erkenntnis schlechthin, der Fall ist, besitzt sie selbst Unwandelbarkeit, denn jede wahre Erkenntnis ist wesensgemäß Identifikation mit ihrem Objekt. Gerade das ignorieren die modernen Westler, die im Bereich der Erkenntnis nur noch eine rationale und diskursive, also indirekte und unvollkommene Erkenntnis berücksichtigen, was man eine Erkenntnis durch Spiegelung nennen könnte. Sie selbst schätzen diese niedrige Erkenntnis zunehmend nur in dem Maße, in dem sie unverzüglich praktischen Zwecken dienen kann. Da sie sich so weitgehend auf die Tat einlassen, dass sie alles ablehnen, was über sie hinausgeht, bemerken sie nicht, dass diese Tat selbst durch das Fehlen eines Prinzips damit zu einer ebenso haltlosen wie unfruchtbaren Hektik entartet.

Dies ist tatsächlich der sichtbarste Wesenszug des modernen Zeitalters: das Bedürfnis nach unablässiger Hektik, ständiger Veränderung, unaufhörlich zunehmender Geschwindigkeit wie jener, mit der sich die Ereignisse selbst entwickeln. So verzettelt man sich im Vielfältigen, und zwar in einem Vielfältigen, das nicht mehr vom Bewusstsein eines höheren Prinzips vereinheitlicht wird. Dies ist im Alltagsleben wie in den wissenschaftlichen Auffassungen die bis zum Äußersten getriebene Analyse, die endlose Zerstückelung, eine wahrhaftige Auflösung der menschlichen Tätigkeit in allen Bereichen, in denen sie noch ausgeübt werden kann; und hieraus ergibt sich die Unfähigkeit zur Synthese, die Unmöglichkeit jeder Konzentration, die in den Augen der Menschen des Ostens so auffällig wirkt. Dies sind die natürlichen und unvermeidlichen Folgen einer immer deutlicheren Materialisierung, denn die Materie ist wesensgemäß Vielheit und Teilung, und deshalb, sagen wir es beiläufig, kann alles, was von ihr ausgeht, nur Kämpfe und alle möglichen Konflikte zwischen den Völkern wie zwischen den Einzelnen hervorbringen. Je tiefer man in die Materie eindringt, desto deutlicher und umfangreicher werden die Elemente der Teilung und des Gegensatzes. Je höher man sich umgekehrt zur reinen Spiritualität erhebt, desto näher kommt man der Einheit, die nur durch das Bewusstsein der universellen Prinzipien vollständig verwirklicht werden kann.

Am sonderbarsten ist, dass Bewegung und Veränderung wahrhaftig um ihrer selbst willen angestrebt werden – und nicht im Hinblick auf irgendein Ziel, zu dem sie führen können. Diese Tatsache ergibt sich direkt aus der Vereinnahmung aller menschlichen Fähigkeiten durch die äußerliche Tat, auf deren kurzzeitigen Charakter wir soeben hingewiesen haben. Auch hier handelt es sich um eine Zersplitterung, die unter einem anderen Gesichtspunkt und in einem deutlicher entwickelten Stadium berücksichtigt wird: Dies ist, könnte man sagen, gleichsam eine Neigung zur Augenblicklichkeit, die einen Zustand des reinen Ungleichgewichts als Grenze hat – wenn dieser erreicht werden könnte, würde er mit der endgültigen Auflösung dieser Welt zusammenfallen; und dies ist wiederum eines der klarsten Vorzeichen für die letzte Periode des *Kali-Yuga*.

Auch in dieser Hinsicht vollzieht sich im wissenschaftlichen Bereich das Gleiche: Es ist dies die Forschung um der Forschung willen. Darum geht es weitaus mehr als um die partiellen und fragmentarischen Ergebnisse, zu denen sie gelangt. Es ist die immer schnellere Aufeinanderfolge von unbegründeten Theorien und Hypothesen, die zusammenbrechen, nachdem sie gerade erst geschaffen wurden, um durch andere ersetzt zu werden, die sich noch weniger lange halten – ein wahres Chaos, in dem man vergebens nach einigen endgültig gesicherten Elementen suchen und lediglich eine ungeheure Anhäufung von Tatsachen und Einzelheiten finden würde, die nichts beweisen und nichts bedeuten können. Wohlverstanden: Wir sprechen hier über das, was den spekulativen Standpunkt in dem Maße betrifft, in dem er noch weiterbesteht. Was die praktischen Anwendungen betrifft, so gibt es hingegen unbestreitbare Ergebnisse, und das lässt sich mühelos verstehen, denn diese Anwendungen beziehen sich unmittelbar auf den materiellen Bereich, und dieser Bereich ist ja gerade der einzige, in dem sich der moderne Mensch einer wirklichen Überlegenheit rühmen darf. Also muss man abwarten, dass sich die Entdeckungen oder vielmehr die mechanischen und industriellen Erfindungen noch weiter entwickeln und sich ebenfalls immer schneller bis zum Ende des gegenwärtigen Zeitalters vervielfältigen – und wer weiß angesichts der drohenden Zerstörungen, die sie in sich tragen, ob sie nicht eines der Hauptmittel der allerletzten Katastrophe sein werden, wenn die Dinge an den Punkt gelangen, an dem sich diese nicht mehr verhindern lässt?

Jedenfalls hat man ganz allgemein den Eindruck, dass es im gegenwärtigen Zustand keine Stabilität mehr gibt. Während aber einige die Gefahr spüren und auf sie reagieren wollen, fühlen sich die meisten unserer Zeitgenossen in dieser Unordnung wohl, in der sie gleichsam ein veräußerlichtes Bild ihrer eigenen Mentalität sehen. Tatsächlich gibt es eine genaue Übereinstimmung zwischen einer Welt, in der alles in reinem »Werden« zu sein scheint und in der kein Platz für das Unwandelbare und Beständige übrig bleibt, und dem Geisteszustand der Menschen, die alle Realität in demselben »Werden« bestehen lassen, was zur Negation der wahren Erkenntnis wie auch des Gegenstandes dieser Erkenntnis selbst – damit meinen wir: der transzendenten und universellen Prinzipien – führt. Man kann sogar noch weiter gehen: Dies ist die Negation jeder wirklichen Erkenntnis in allen möglichen Bereichen, selbst auf relativem Gebiet, denn wie wir weiter oben gezeigt haben, ist das Relative ohne das Absolute, das Kontingente ohne das Notwendige, der Wandel ohne das Unwandelbare, das Vielfältige ohne die Einheit unverständlich und unmöglich. Der »Relativismus« enthält einen Widerspruch in sich selbst, und wenn man alles auf den Wandel reduzieren will, müsste man logischerweise so weit gehen, die Existenz des Wandels selbst zu negieren – im Grunde hatten die berühmten Argumente des Zenon von Elea keinen anderen Sinn. Tatsächlich muss man durchaus sagen, dass die Theorien der Art, um die es hier geht, nicht ausschließlich für die modernen Zeiten eigentümlich sind, denn man darf nichts übertreiben. Man kann hierfür einige Beispiele in der griechischen Philosophie finden, und der Fall Heraklits mit seinem »alles fließt« ist in dieser Hinsicht am bekanntesten; gerade dies veranlasste die Eleaten, derartige Auffassungen ebenso wie die der Atomisten durch so etwas wie eine *reductio ad absurdum* zu bekämpfen. Sogar in Indien ließ sich etwas Vergleichbares finden, dies jedoch, wohlverstanden, aus einer anderen Sichtweise als der Philosophie: Manche buddhistischen Schulen zeigten tatsächlich den gleichen

Wesenszug, denn eine ihrer Hauptthesen war die der »Auflösbarkeit aller Dinge«.[12] Allerdings waren diese Theorien damals nur Ausnahmen, und derartige Empörungen gegen den traditionellen Geist, die während des ganzen *Kali-Yuga* eintreten konnten, hatten im Grunde nur eine recht eingeschränkte Auswirkung – neu ist nun die Verallgemeinerung solcher Auffassungen, wie wir sie im heutigen Westen feststellen.

Man muss auch darauf hinweisen, dass die »Philosophien des Werdens« unter dem Einfluss der sehr jungen Vorstellung vom »Fortschritt« bei den Modernen eine besondere Form angenommen haben, welche die gleichartigen Theorien im Altertum niemals besaßen: Diese Form, die im Übrigen vielfältige besondere Erscheinungen annehmen kann, ist das, was sich mit dem allgemeinen Namen »Evolutionismus« bezeichnen lässt. Wir werden nicht noch einmal auf das eingehen, was wir bereits an anderer Stelle zu diesem Thema gesagt haben; wir möchten lediglich daran erinnern, dass jede Auffassung, die nichts anderes als das »Werden« anerkennt, gerade dadurch zwangsläufig eine »naturalistische« Auffassung ist und als solche eine ausdrückliche Negation dessen impliziert, was über die Natur hinausgeht, das heißt des metaphysischen Bereichs, welcher der Bereich der unwandelbaren und ewigen Prinzipien ist. In Bezug auf diese antimetaphysischen Theorien möchten wir auch darauf hinweisen, dass Bergsons Vorstellung von der »reinen Dauer« genau dieser Zersplitterung im Augenblicklichen entspricht, von der wir weiter oben gesprochen haben; die angebliche Intuition, die sich am unablässigen Fluss der sinnlich wahrnehmbaren Dinge ausrichtet, kann bei Weitem nicht das Mittel einer wahren Erkenntnis sein, sondern verkörpert in Wirklichkeit die Auflösung jeder möglichen Erkenntnis.

Da es sich hier um einen ganz wesentlichen Punkt handelt, bei dem man nicht zulassen darf, dass irgendeine Unklarheit fortbesteht, sehen wir uns veranlasst, noch einmal zu betonen: Die geistige Intuition, durch die allein man die wahre metaphysische Erkenntnis erlangt, hat absolut nichts mit dieser anderen Intuition gemein, von der gewisse zeitgenössische Philosophen sprechen – diese gehört zum sinnlich wahrnehmbaren Bereich, sie ist eigentlich infrarational, während die andere, die reiner Verstand ist, hingegen suprarational ist. Doch die Modernen, die im Verstandesbereich nichts der Vernunft Überlegenes kennen, begreifen nicht einmal, was die geistige Intuition sein kann, während die Lehren der Antike und des Mittelalters, selbst wenn sie nur ein bloß philosophisches Wesen hatten und sich folglich nicht wirklich auf diese Intuition berufen konnten, nicht weniger ausdrücklich ihre Existenz und ihren Vorrang vor allen anderen Fähigkeiten anerkannten. Darum gab es vor Descartes keinen »Rationalismus«; auch dies ist etwas spezifisch Modernes und außerdem mit dem »Individualismus« eng verbunden, denn es ist nichts anderes als die Negation jeder Fähigkeit im überindividuellen Bereich. Solange die Westler hartnäckig die geistige Intuition missverstehen oder leugnen, können sie keine Tradition im wahren Sinne dieses Wortes haben, und sie können sich auch nicht mit den echten Vertretern der östlichen Kulturen verständigen, bei denen alles gleichsam an dieser unwandelbaren und an sich unfehlbaren Intuition hängt, diesem einzigen Ausgangspunkt jeder Entwicklung, die den traditionellen Normen entspricht.

VIERTES KAPITEL

Sakrale Wissenschaft und profane Wissenschaft

Wie wir soeben gesagt haben, liegt in den Kulturen traditionellen Charakters die geistige Intuition allem als Prinzip zugrunde. Mit anderen Worten, die reine metaphysische Lehre bildet das Wesentliche, und alles Übrige schließt sich dem als Folgen oder Anwendungen auf die unterschiedlichen Bereiche kontingenter Realitäten an. So verhält es sich insbesondere bei den gesellschaftlichen Institutionen; und außerdem gilt das Gleiche auch in Bezug auf die Wissenschaften, das heißt auf die Kenntnisse, die sich auf den Bereich des Relativen beziehen und in solchen Kulturen nur als einfache Unterordnungen und gewissermaßen Fortsätze oder Widerspiegelungen der absoluten und prinzipiellen Erkenntnis angesehen werden können. So wird die wahre Rangordnung überall und immer beachtet: Das Relative wird nicht für inexistent gehalten, was absurd wäre; es wird in dem Maße berücksichtigt, in dem es dies verdient, doch es wird an seinen richtigen Platz gestellt, der nur ein sekundärer und untergeordneter Platz sein kann; und in diesem Relativen selbst gibt es ganz unterschiedliche Stufen, je nachdem, ob es sich um Dinge handelt, die mehr oder weniger weit vom Bereich der Prinzipien entfernt sind.

Bei den Wissenschaften gibt es also zwei radikal unterschiedliche und sogar miteinander unvereinbare Auffassungen. Wir können sie die traditionelle und die moderne Auffassung nennen. Schon oft hatten wir Gelegenheit, auf diese »traditionellen Wissenschaften« hinzuweisen, die es in der Antike und im Mittelalter gab und im Osten immer noch gibt, deren bloße Vorstellung aber den Westlern unserer Tage vollständig fremd ist. Man muss hinzufügen, dass jede Kultur »traditionelle Wissenschaften« eines besonderen Typs hatte, die ihr allein gehörten, denn hier befinden wir uns nicht mehr im Bereich der universellen Prinzipien, auf die sich die reine Metaphysik allein bezieht, sondern im Bereich der Anpassungen, wo gerade deshalb, weil es sich um ein kontingentes Gebiet handelt, die Gesamtheit der – mentalen und übrigen – Bedingungen berücksichtigt werden muss, welche die eines bestimmten Volkes – und wir möchten sogar sagen, einer bestimmten Existenzperiode dieses Volkes – sind, denn wir haben ja vorher gesehen, dass es Zeitalter gibt, in denen »Neuanpassungen« notwendig werden. Diese »Neuanpassungen« sind lediglich formale Änderungen, die nicht im Geringsten das eigentliche Wesen der Tradition berühren. Bei der metaphysischen Lehre kann lediglich der Ausdruck modifiziert werden, und zwar auf eine Weise, die sich recht gut mit der Übersetzung aus einer Sprache in eine andere vergleichen lässt; wie auch immer die Formen sind, in die sie eingekleidet wird, damit sie in dem Maße, wie dies möglich ist, ausgedrückt wird – es gibt unbedingt nur eine Metaphysik, so wie es nur eine Wahrheit gibt. Doch wenn man zu den Anwendungen übergeht, liegt der Fall natürlich anders: Bei den Wissenschaften wie bei den gesellschaftlichen Institutionen sind wir in der Welt der Form und der Vielheit. Darum kann man sagen, dass andere Formen wirklich andere Wissenschaften konstituieren, auch wenn sie, wenigstens zum Teil, denselben Gegenstand haben. Die Logiker stellen sich gewöhnlich vor, dass eine Wissenschaft vollständig durch ihren Gegenstand definiert wird, was nicht ganz zutrifft, weil es allzu vereinfachend ist; der Standpunkt, von dem aus dieser Gegenstand betrachtet wird, muss ebenfalls in die Definition der Wissenschaft eingehen. Es gibt eine unbegrenzte Menge möglicher Wissenschaften; es kann vorkommen, dass mehrere Wissenschaften dieselben Dinge untersuchen, dies aber unter derart unterschiedlichen Aspekten, also mit derart unterschiedlichen Methoden und auch Zielsetzungen, dass sie deshalb nicht weniger wirklich unterschiedliche Wissenschaften sind. Dieser Fall kann insbesondere bei den »traditionellen Wissenschaften« verschiedener Kulturen auftreten, die zwar untereinander vergleichbar sind, aber sich nicht immer assimilieren lassen, und die mit denselben Namen zu bezeichnen nur missbräuchlich sein kann. Der Unterschied ist selbstverständlich noch weitaus beträchtlicher, wenn man keinen Vergleich zwischen den »traditionellen Wissenschaften« herstellen will, die wenigstens alle den gleichen grundsätzlichen Charakter haben, sondern stattdessen diese Wissenschaften ganz allgemein mit jenen Wissenschaften, wie die Modernen sie auffassen, vergleichen will. Auf den ersten Blick mag es zuweilen scheinen, dass der Gegenstand in beiden Fällen derselbe ist, und dennoch ist die Erkenntnis, welche die zwei Arten von Wissenschaften jeweils über diesen Gegenstand vermitteln, dermaßen unterschiedlich, dass man nach einer umfangreicheren Untersuchung zögert, sie noch für identisch zu halten, und sei es nur in einer bestimmten Hinsicht.

Einige Beispiele werden nicht überflüssig sein, um besser verständlich zu machen, worum es sich handelt. Zuerst möchten wir ein Beispiel von sehr großer Bedeutung nehmen: das der »Physik«, wie sie im Altertum und in der modernen Zeit verstanden wird. In diesem Fall ist es übrigens überhaupt nicht nötig, die westliche Welt zu verlassen, um den tiefen Unterschied zu erkennen, der die beiden Auffassungen trennt. Der Begriff »Physik« in seiner ursprünglichen und etymologischen Bedeutung heißt nichts anderes als »Naturwissenschaft« ohne jede Einschränkung. Sie ist also die Wissenschaft, welche die allgemeinsten Gesetze des »Werdens« betrifft, denn »Natur« und »Werden« sind im Grunde synonym, und genauso verstanden es die Griechen, insbesondere Aristoteles. Wenn es differenziertere Wissenschaften gibt, die sich mit demselben Bereich beschäftigen, so sind sie dann nur »Spezifikationen« der Physik für diesen oder jenen konkreter bestimmten Bereich. Es steckt also schon etwas recht Vielsagendes in der Abwandlung, welcher die Modernen diesen Begriff »Physik« unterworfen haben, indem sie ihn verwendeten, um ausschließlich eine besondere Wissenschaft zu bezeichnen, zu deren Umfeld andere Wissenschaften gehören, die alle ebenfalls Naturwissenschaften sind. Diese Tatsache ist Teil der Fragmentierung, auf die wir bereits als einen Wesenszug der modernen Wissenschaft hingewiesen haben, zu der »Spezialisierung«, die vom analytischen Geist hervorgebracht und so weit vorangetrieben wurde, dass sie für diejenigen, die unter ihrem Einfluss stehen, eine Wissenschaft wahrhaft unbegreiflich macht, die sich mit der als Ganzem betrachteten Natur beschäftigt. Manche Nachteile dieser »Spezialisierung« und vor allem die sich daraus unvermeidlich ergebenden engstirnigen Ansichten sind recht oft aufgezeigt worden. Doch offenbar haben gerade diejenigen, die sich darüber am klarsten waren, sich gleichwohl damit abgefunden, sie wegen der angehäuften Einzelerkenntnisse, die kein Mensch mit einem einzigen Blick erfassen könnte, als ein notwendiges Übel anzusehen. Zum einen haben sie nicht verstanden, dass diese Einzelerkenntnisse an sich bedeutungslos sind, dass sie es nicht wert sind, ihnen eine synthetische Erkenntnis zu opfern, die, selbst wenn man sich auf das Relative beschränkt, zu einer weitaus höheren Ordnung gehört, und zum anderen haben sie nicht verstanden, dass man allein deshalb nicht in der Lage ist, die Vielheit der Erkenntnisse zu vereinheitlichen, weil man sich untersagte, sie mit einem höheren Prinzip zu verknüpfen, und hartnäckig darauf bestand, von unten und von außen heranzugehen, während man genau das Gegenteil hätte tun sollen, um eine Wissenschaft zu erreichen, die einen wirklichen spekulativen Wert besitzt.

Wenn man die antike Physik nicht mit dem, was die Modernen mit demselben Wort bezeichnen, sondern mit der Gesamtheit der Naturwissenschaften vergleichen will, wie sie sich bis heutzutage herausgebildet haben, denn diese müssten ihr ja tatsächlich entsprechen, kann man daher mit gutem Grund als ersten Unterschied die Aufspaltung in vielfältige »Fachgebiete« feststellen, die einander gewissermaßen fremd gegenüberstehen. Dies ist aber nur der äußerlichste Aspekt der Frage, und man sollte nicht annehmen, dass man ein Äquivalent der antiken Physik erhalten würde, wenn man all diese Fachwissenschaften vereinte. In Wirklichkeit handelt es sich um eine ganz andere Sichtweise, und hier erscheint, wie wir sehen, der wesentliche Unterschied zwischen den beiden Auffassungen, von denen wir soeben gesprochen haben: Die traditionelle Auffassung, haben wir gesagt, verbindet alle Wissenschaften als ebenso viele besondere Anwendungen mit den Prinzipien, und die moderne Auffassung lässt gerade diese Verbindung nicht zu. Nach Ansicht des Aristoteles war die Physik nur »zweite« im Verhältnis zur Metaphysik, das heißt, sie war von ihr abhängig und im Grunde nur eine für den Naturbereich geltende Anwendung der Prinzipien, die über der Natur stehen und sich in ihren Gesetzen widerspiegeln; und das Gleiche kann man über die »Kosmologie« des Mittelalters sagen. Die moderne Auffassung will hingegen die Wissenschaften unabhängig machen, indem sie alles leugnet, was über die Wissenschaften hinausgeht, oder indem sie es wenigstens für »unerkennbar« erklärt und es ablehnt, es zu berücksichtigen, was im Grunde auch noch bedeutet, es praktisch zu leugnen. Diese Negation gab es eigentlich schon lange bevor man daran gedacht hatte, aus ihr eine systematische Theorie unter solchen Namen wie »Positivismus« und »Agnostizismus« zu machen, denn man kann sagen, dass sie der ganzen modernen Wissenschaft geradezu als Ausgangspunkt zugrunde liegt. Allerdings kam es fast nur im neunzehnten Jahrhundert dazu, dass man Leute erlebte, die sich ihrer Unwissenheit rühmten – denn genau darauf läuft es ja hinaus, wenn man sich zum »Agnostiker« erklärt und allen die Erkenntnis dessen verbieten will, was man selbst nicht weiß: Dies kennzeichnete eine weitere Etappe im geistigen Niedergang des Westens.

Die moderne Auffassung will die Wissenschaften unter dem Vorwand, ihre Unabhängigkeit zu gewährleisten, radikal von jedem höheren Prinzip trennen, und damit nimmt sie ihnen jede tiefe Bedeutung und sogar jedes wahre Interesse in Bezug auf die Erkenntnis, und sie kann nur in eine Sackgasse führen, weil sie die Wissenschaften unausweichlich in einen eingeschränkten Bereich einschließt.[13] Die Entwicklung, die sich innerhalb dieses Bereichs vollzieht, ist darüber hinaus keine Vertiefung, wie sich dies manche vorstellen; sie bleibt im Gegenteil ganz oberflächlich und besteht nur aus dieser Zersplitterung in Einzelheiten, auf die wir bereits hingewiesen haben, aus einer ebenso unfruchtbaren wie mühsamen Analyse, und sie lässt sich endlos fortsetzen, ohne dass man auf dem Weg wahrer Erkenntnis einen einzigen Schritt vorankommt. Darum beschäftigen sich die Westler im Allgemeinen nicht mit der so verstandenen Wissenschaft um ihrer selbst willen, wie man durchaus betonen muss: Was sie vor allem anstreben, ist keineswegs eine Erkenntnis, nicht einmal eine untergeordnete; vielmehr geht es um praktische Anwendungen, und um sich zu überzeugen, dass es sich tatsächlich so verhält, braucht man nur zu sehen, wie leicht unsere meisten Zeitgenossen Wissenschaft und Industrie vermengen und wie zahlreich die sind, für die der Ingenieur die eigentliche Erscheinungsform des Wissenschaftlers darstellt. Dies bezieht sich jedoch auf eine andere Frage, die wir im Folgenden vollständiger zu behandeln haben.

Als sich die Wissenschaft auf moderne Art herausbildete, hat sie nicht nur an Tiefe, sondern auch, wie man sagen könnte, an Beständigkeit verloren, denn die Bindung an die Prinzipien ließ sie an deren Unwandelbarkeit in dem ganzen Umfang teilhaben, in dem es ihr Gegenstand selbst ermöglichte, während sie, wenn sie ausschließlich in der Welt des Wandels eingeschlossen ist, dort nichts Sicheres, keinen festen Punkt mehr findet, auf den sie sich stützen kann. Da sie von keiner absoluten Gewissheit mehr ausgeht, beschränkt sie sich auf Wahrscheinlichkeiten und Annäherungen oder rein hypothetische Konstruktionen, die nur das Werk der individuellen Fantasie sind. Selbst wenn es zufällig vorkommt, dass die moderne Wissenschaft auf einem großen Umweg zu bestimmten Ergebnissen gelangt, die scheinbar mit einigen Gegebenheiten der alten »traditionellen Wissenschaften« übereinstimmen, hätte man deshalb ganz und gar unrecht, wenn man darin eine Bestätigung sähe, die diese Gegebenheiten überhaupt nicht benötigen; und es hieße, seine Zeit zu verlieren, wenn man ganz unterschiedliche Standpunkte miteinander vereinbaren oder eine Übereinstimmung mit hypothetischen Theorien herstellen wollte, die vielleicht in wenigen Jahren vollständig diskreditiert sein werden.[14] Die Dinge, um die es geht, können für die gegenwärtige Wissenschaft tatsächlich nur zum Bereich der Hypothesen gehören, während sie für die »traditionellen Wissenschaften« etwas ganz anderes waren und als unbestreitbare Folgen von Wahrheiten erschienen, die auf intuitive, also unfehlbare Weise im metaphysischen Bereich erkannt wurden.[15] Im Übrigen ist es eine merkwürdige, für den modernen »Experimentalismus« bezeichnende Illusion, wenn man glaubt, dass sich eine Theorie durch Tatsachen beweisen ließe, während in Wirklichkeit dieselben Tatsachen stets und gleichermaßen durch mehrere unterschiedliche Theorien erklärt werden können und manche Urheber der experimentellen Methode, wie etwa Claude Bernard, selber anerkannt haben, dass sie diese nur mithilfe von »vorgefassten Meinungen« interpretieren konnten, weil die entsprechenden Tatsachen sonst »bloße Fakten« ohne jede Bedeutung und jeden wissenschaftlichen Wert bleiben würden.

Da wir gerade vom »Experimentalismus« sprechen, müssen wir die Gelegenheit nutzen, um auf eine Frage zu antworten, die sich bei diesem Thema stellen kann. Es geht um Folgendes: Warum haben die spezifisch experimentellen Wissenschaften in der modernen Zivilisation und Kultur eine Entwicklung genommen, die sie in anderen Kulturen niemals einschlugen? Weil es Wissenschaften der sinnlich wahrnehmbaren Welt, der Materie sind und sie zu den unmittelbarsten praktischen Anwendungen führen. Ihre Entwicklung, die mit dem einhergeht, was wir gern als »Faktenaberglauben« bezeichnen möchten, entspricht also getreulich den spezifisch modernen Tendenzen, während die vorhergehenden Zeitalter darin kein ausreichend begründetes Interesse entdecken konnten, um sich dem so sehr zu widmen, dass sie deshalb die Erkenntnisse höherer Ordnung vernachlässigt hätten. Man muss klar verstehen, dass es bei unseren Vorstellungen keineswegs darum geht, irgendeine Erkenntnis für unrechtmäßig an sich zu erklären, auch keine untergeordnete. Unrechtmäßig ist lediglich der Missbrauch, der eintritt, wenn derartige Dinge die ganze menschliche Tätigkeit vereinnahmen, wie wir dies gegenwärtig feststellen. Man könnte sich sogar vorstellen, dass durch eine experimentelle Methode konstituierte Wissenschaften in einer normalen Kultur ebenso wie andere mit den Prinzipien verbunden sind und so einen wirklichen spekulativen Wert besitzen. Wenn dieser Fall offenbar nicht eingetreten ist, so liegt dies daran, dass man die Aufmerksamkeit vorzugsweise einer anderen Richtung zugewandt hat, und dass die traditionellen Gegebenheiten – selbst wenn es darum ging, die sinnlich wahrnehmbare Welt in dem Maße zu untersuchen, wie dies interessant scheinen konnte – es ermöglichten, diese Untersuchung mit anderen Methoden und von einem anderen Standpunkt aus unter günstigeren Bedingungen vorzunehmen.

Wir haben weiter oben gesagt, einer der Wesenszüge des gegenwärtigen Zeitalters sei die Nutzung all dessen, was bisher vernachlässigt wurde, weil es nur eine allzu sekundäre Bedeutung hatte, als dass ihm die Menschen ihre Tätigkeit widmeten, wobei es jedoch ebenfalls vor dem Ende dieses Zyklus ausgestaltet werden musste, denn diese Dinge hatten ihren Platz unter den Möglichkeiten, die dazu berufen waren, sich zu manifestieren. Dies gilt gerade und insbesondere für die experimentellen Wissenschaften, die in den letzten Jahrhunderten entstanden sind. Es gibt sogar bestimmte moderne Wissenschaften, die wahrhaftig und im buchstäblichsten Sinne »Überbleibsel« der heute unverstandenen Wissenschaften des Altertums darstellen: Hier handelt es sich um das niedrigste Teilgebiet dieser antiken Wissenschaften, das sich in einer Verfallsperiode von allem Übrigen isoliert, abgelöst und grob materialisiert hat, um dann als Ausgangspunkt für eine ganz andere Entwicklung in eine Richtung zu dienen, die den modernen Tendenzen entspricht, sodass dies zur Herausbildung von Wissenschaften führte, die wirklich nichts mehr mit ihren Vorgängerinnen gemein haben. So ist es zum Beispiel falsch, wenn man behauptet, wie man es gewöhnlich tut, dass Astrologie und Alchemie sich zur Astronomie beziehungsweise zur Chemie der modernen Zeit entwickelt hätten, obwohl diese Ansicht aus rein historischer Sicht ein Körnchen Wahrheit enthält, genau jenes Körnchen Wahrheit, worauf wir gerade hingewiesen haben: Wenn diese letztgenannten Wissenschaften tatsächlich in einem gewissen Sinne von den erstgenannten herkommen, so geschieht dies nicht durch »Evolution« oder »Fortschritt«, wie man behauptet, sondern im Gegenteil durch Entartung – und dies verlangt noch einige weitere Erklärungen.

Zunächst muss man festhalten, dass die Zuschreibung unterschiedlicher Bedeutungen für die Begriffe »Astrologie« und »Astronomie« verhältnismäßig neu ist. Bei den Griechen wurden diese zwei Wörter unterschiedslos benutzt, um den ganzen Komplex zu bezeichnen, der jetzt von den beiden Begriffen unterteilt wird. Auf den ersten Blick scheint es also, dass man es auch in diesem Fall mit einer von jenen Unterteilungen durch »Spezialisierung« zu tun hat, die zwischen dem vorgenommen wurden, was ursprünglich zu einer einzigen Wissenschaft gehörte. Hier gibt es jedoch die folgende Besonderheit: Während einer dieser Teile, derjenige, der die materiellste Seite der betreffenden Wissenschaft verkörperte, eine unabhängige Entwicklung erlebte, verschwand hingegen der andere Teil vollständig. Dies trifft so sehr zu, dass man heute nicht mehr weiß, was die Astrologie im Altertum war, und dass gerade die, die versucht haben, sie wiederherzustellen, nur zu bloßen Nachahmungen gelangt sind, indem sie aus ihr entweder das Äquivalent einer modernen experimentellen Wissenschaft unter Verwendung von Statistiken und Wahrscheinlichkeitsrechnung machen wollten, was von einem Standpunkt ausgeht, der auf keinen Fall der des Altertums oder des Mittelalters sein konnte, oder indem sie sich ausschließlich damit beschäftigten, eine »Wahrsagekunst« wiederherzustellen, die kaum mehr als eine Fehlentwicklung der untergehenden Astrologie war und in der man höchstens eine sehr untergeordnete und recht wenig geachtete Anwendung sehen könnte, wie sich dies noch bei den östlichen Kulturen feststellen lässt.

Der Fall der Chemie ist vielleicht noch klarer und bezeichnender – und was die Unkenntnis der Modernen in Bezug auf die Alchemie betrifft, so ist sie wenigstens ebenso groß wie in der Astrologie. Die wahre Alchemie war im Wesentlichen eine Wissenschaft des kosmologischen Bereichs, und gleichzeitig war sie aufgrund der Analogie zwischen »Makrokosmos« und »Mikrokosmos« auch auf den menschlichen Bereich anwendbar. Überdies wurde sie ausdrücklich so gestaltet, dass sie eine Übertragung auf das rein spirituelle Gebiet ermöglichte, das ihren Lehren einen symbolischen Wert und eine höhere Bedeutung verlieh und aus ihr eine der vollständigsten Erscheinungsformen der »traditionellen Wissenschaften« machte. Die moderne Chemie ist keineswegs aus dieser Alchemie, zu der sie im Grunde keine Beziehung hat, hervorgegangen. Sie ist im strengsten Sinne des Wortes eine Entstellung von ihr, eine Verirrung – eine Fehlentwicklung, zu der vielleicht schon im Mittelalter das

Unverständnis einiger Leute führte, die unfähig waren, den wahren Sinn der Symbole zu ergründen und deshalb alles wörtlich auffassten; da sie glaubten, es handele sich bei alledem nur um materielle Vorgänge, stürzten sie sich in mehr oder weniger regellose Experimente. Sie, die von den Alchemisten ironischerweise als »Feueranbläser« und »Kohlenbrenner« bezeichnet wurden, waren die wirklichen Vorläufer der heutigen Chemiker. So kommt es, dass die moderne Wissenschaft mithilfe der Überreste der antiken Wissenschaften entsteht, und zwar mit den Baustoffen, die von diesen verworfen und den Unwissenden und »Profanen« überlassen wurden. Setzen wir noch hinzu, dass die sogenannten Erneuerer der Alchemie, wie es unter unseren Zeitgenossen einige gibt, selber nichts anderes tun, als dieselbe Fehlentwicklung fortzusetzen, und dass ihre Forschungen ebenso weit von der traditionellen Alchemie entfernt sind wie die jener Astrologen, auf die wir vorhin hingewiesen haben, es von der antiken Astrologie sind. Darum können wir mit vollem Recht erklären, dass die »traditionellen Wissenschaften« des Westens für die Modernen wirklich verloren sind.

Wir wollen uns auf diese wenigen Beispiele beschränken. Es fiele indes leicht, noch weitere aus anderen Bereichen anzuführen, die überall die gleiche Entartung zeigen. So etwa könnte man veranschaulichen, dass die Psychologie, wie man sie heute versteht, das heißt die Untersuchung der mentalen Phänomene als solcher, ein natürliches Produkt des angelsächsischen Empirismus und des Geistes des achtzehnten Jahrhunderts ist und dass die Sichtweise, der sie entspricht, für die Vertreter des Altertums so unwesentlich war, dass, wenn es gelegentlich bei ihnen vorkam, so etwas beiläufig zu erfassen, sie auf keinen Fall daran gedacht hätten, hieraus eine besondere Wissenschaft zu machen: Alles, was es darin an Gültigem geben kann, fand sich nach ihrer Ansicht in höheren Gesichtspunkten verwandelt und verarbeitet wieder. In einem ganz anderen Bereich könnte man auch zeigen, dass die moderne Mathematik sozusagen nur die äußere Hülle der pythagoreischen Mathematik, ihre rein »exoterische« Seite darstellt. Die Vorstellung, die das Altertum von den Zahlen hatte, ist für die Modernen sogar vollkommen unverständlich geworden, weil auch hier der höhere Teil der Wissenschaft, der ihr zusammen mit dem traditionellen Charakter einen spezifisch geistigen Wert gab, vollständig verschwunden ist – und dieser Fall lässt sich recht gut mit dem der Astrologie vergleichen. Doch wir können keine fortlaufende Übersicht aller Wissenschaften bieten, was reichlich ermüdend wäre. Wir meinen, dass wir hierüber genug gesagt haben, um das Wesen des Wandels begreiflich zu machen, dem die modernen Wissenschaften ihren Ursprung verdanken, und das ist etwas ganz anderes als ein »Fortschritt«, nämlich ein wahrer Rückschritt des Verstandes. Nun wollen wir zu allgemeinen Betrachtungen über die jeweilige Rolle der »traditionellen Wissenschaften« und der modernen Wissenschaften, über den tiefen Unterschied zwischen der wahren Bestimmung der einen und der anderen zurückkommen.

Jede beliebige Wissenschaft ist der traditionellen Auffassung zufolge weniger an sich interessant, als vielmehr deshalb, weil sie gleichsam eine Verlängerung oder ein Nebenzweig der Lehre ist, deren wesentlicher Teil, wie wir gesagt haben, in der reinen Metaphysik besteht.[16] Wenn auch jede Wissenschaft sicherlich legitim ist, unter der Bedingung, dass sie nur den Platz einnimmt, der ihr aufgrund ihres eigenen Wesens wirklich zukommt, lässt sich gleichwohl leicht verstehen, dass für jeden, der eine Kenntnis höherer Ordnung besitzt, die untergeordneten Kenntnisse zwangsläufig viel von ihrem Interesse verlieren und sogar nur in

Abhängigkeit von der prinzipiellen Erkenntnis, wenn man es so sagen darf, interessant bleiben, das heißt in dem Maße, wie sie zum einen diese Erkenntnis in dem einen oder anderen kontingenten Bereich widerspiegeln und zum anderen zu ebendieser prinzipiellen Erkenntnis führen können. In dem von uns untersuchten Fall darf sie nie aus den Augen verloren und auch nicht mehr oder weniger zufälligen Überlegungen geopfert werden. Diese beiden komplementären Rollen kommen den »traditionellen Wissenschaften« im Besonderen zu: Zum einen ermöglichen sie es als Anwendungen der Lehre, alle Wirklichkeitsbereiche untereinander zu verbinden und in die Einheit der Gesamtsynthese einzubeziehen; zum anderen sind sie, wenigstens für manche und in Übereinstimmung mit deren Fähigkeiten, eine Vorbereitung auf eine höhere Erkenntnis, gewissermaßen ein Weg zu ihr, und in ihrer hierarchischen Gliederung, die den Existenzstufen entspricht, auf die sie sich beziehen, bilden sie dann ebenso viele Sprossen, über die man sich zur reinen Geistigkeit erheben kann.[17] Es ist nur zu offensichtlich, dass die modernen Wissenschaften auf keiner Stufe eine dieser beiden Rollen ausfüllen können. Darum sind sie nur »profane Wissenschaft« und können es nur sein, während die »traditionellen Wissenschaften« durch ihre Bindung an die metaphysischen Prinzipien auf wirksame Weise in die »sakrale Wissenschaft« eingegliedert werden.

Die Koexistenz der beiden Rollen, auf die wir soeben hingewiesen haben, stellt übrigens keinen Widerspruch oder Zirkelschluss dar, im Gegensatz zu dem, was jene denken könnten, welche die Dinge nur oberflächlich betrachten – und dies ist noch ein Punkt, den wir einigermaßen betonen müssen. Man könnte sagen, dass es hier zwei Blickrichtungen gibt, eine absteigende und eine aufsteigende. Die erste entspricht einer von den Prinzipien ausgehenden

Entwicklung der Erkenntnis und geht dann zu Anwendungen über, die von diesen immer weiter entfernt sind, und die zweite entspricht einer stufenweisen Aneignung derselben Erkenntnis, indem sie vom Niedrigeren zum Höheren oder auch, wenn man diese Formulierung vorzieht, vom Äußeren zum Inneren vorgeht. Es geht also nicht darum, ob die Wissenschaften von unten nach oben oder von oben nach unten herausgebildet werden, ob man die Erkenntnis der Prinzipien oder im Gegenteil die Erkenntnis der sinnlich wahrnehmbaren Welt als Ausgangspunkt nehmen muss, damit sie möglich werden. Diese Frage, die sich aus Sicht der »profanen« Philosophie stellen lässt und in der griechischen Antike offenbar tatsächlich auf dem betreffenden Gebiet mehr oder weniger explizit gestellt wurde, diese Frage gibt es, wie gesagt, nicht für die »sakrale Wissenschaft«, die nur von universellen Prinzipien ausgehen kann; und was ihr hier jede Daseinsberechtigung nimmt, ist die ursächliche Rolle der geistigen Intuition, welche die unmittelbarste wie auch die höchste aller Erkenntnisse und vollkommen unabhängig von der Ausübung jeder Fähigkeit im sinnlichen oder sogar rationalen Bereich ist. Die Wissenschaften können als »sakrale Wissenschaften« nur von denen gültig begründet werden, die vor allem das prinzipielle Wissen vollständig beherrschen und dadurch allein befähigt sind, der strengsten traditionellen Orthodoxie entsprechend alle Anpassungen zu verwirklichen, welche die zeitlichen und örtlichen Umstände verlangen. Wenn die Wissenschaften auf diese Weise konstituiert sind, kann ihr Unterricht allerdings einer umgekehrten Ordnung folgen: Sie sind gewissermaßen »Veranschaulichungen« der reinen Lehre, die sie für manche Geister leichter zugänglich machen können; und gerade weil sie die Welt der Vielheit betreffen, kann die beinahe endlos große Zahl ihrer Gesichtspunkte der nicht weniger großen Zahl der individuellen Fähigkeiten dieser Geister entsprechen, deren Horizont auch noch auf dieselbe Welt der Vielheit beschränkt ist. Die möglichen Wege zur Erkenntnis können auf der niedrigsten Stufe äußerst unterschiedlich sein, und hierauf vereinigen sie sich allmählich in dem Maße, wie man zu höheren Stadien gelangt. Es ist nun nicht so, dass irgendeine dieser vorbereitenden Stufen unbedingt notwendig wäre, denn dies sind nur kontingente Mittel, die kein gemeinsames Maß mit dem zu erreichenden Ziel haben. Es kann sogar sein, dass manche von jenen, bei denen die kontemplative Neigung vorherrscht, sich mit einem Mal und ohne die Hilfe solcher Mittel[18] zur wahren geistigen Intuition erheben. Doch dies ist nur ein eher außergewöhnlicher Fall, und üblicher ist, was man als zweckmäßige Notwendigkeit bezeichnen kann, in aufsteigender Richtung vorzugehen. Um dies verständlich zu machen, kann man gleichfalls das traditionelle Bild des »kosmischen Rades« verwenden: Die Kreislinie gibt es in Wirklichkeit nur durch den Mittelpunkt; doch die Wesen, die sich an der Kreislinie befinden, müssen zwangsläufig von dieser oder, genauer gesagt, von dem Punkt an dieser Linie ausgehen, wo sie sich befinden, und sie müssen dem Radius folgen, um zum Mittelpunkt zu gelangen. Da es eine Entsprechung zwischen allen Wirklichkeitsbereichen gibt, lassen sich außerdem die Wahrheiten einer niedrigeren Ordnung als Symbole derjenigen der höheren Ordnungen ansehen, und folglich können sie als »Stütze« dienen, um durch Analogie zur Erkenntnis dieser höheren Ordnungen zu kommen.[19] Das verleiht jeder Wissenschaft einen höheren oder »anagogischen« Sinn, der tiefgründiger als jener ist, den sie an sich besitzt, und dies kann ihr das Wesen einer wahren »sakralen Wissenschaft« geben.

Jede Wissenschaft kann, wie wir sagen, dieses Wesen annehmen, was auch immer ihr Gegenstand ist, unter der einzigen Bedingung, dass sie dem traditionellen Geist entsprechend konstituiert und aufgefasst wird. Hierbei muss man lediglich die unterschiedliche Bedeutung dieser Wissenschaften berücksichtigen, wie es der Rangordnung der verschiedenen Realitäten entspricht, auf die sie sich beziehen; doch ihr Wesen und ihre Funktion sind der traditionellen Auffassung zufolge auf der einen oder anderen Stufe maßgeblich die gleichen. Was hier für jede Wissenschaft gilt, trifft ebenso auf jede Kunst zu, insofern sie einen spezifisch symbolischen Wert haben kann, der sie befähigt, »Stützen« für die Meditation zu liefern, und auch insofern ihre Regeln wie die Gesetze, deren Erkenntnis der Gegenstand der Wissenschaften ist, Widerspiegelungen und Anwendungen der Grundprinzipien sind; und so gibt es in jeder normalen Kultur »traditionelle Künste«, die den modernen Westlern nicht weniger als die »traditionellen Wissenschaften« unbekannt sind.[20] Allerdings gibt es tatsächlich keinen »profanen Bereich«, der sich gewissermaßen dem »sakralen Bereich« entgegenstellen würde; es gibt lediglich einen »profanen Standpunkt«, der im Grunde nichts anderes als der Standpunkt der Unkenntnis ist.[21] Darum kann die »profane Wissenschaft«, die der Modernen, ganz zu Recht, wie wir es schon an anderer Stelle gesagt haben, als ein »unwissendes Wissen« angesehen werden: ein untergeordnetes Wissen, das sich vollständig auf der Ebene der niedrigsten Realität hält und all das nicht weiß, was über es selbst hinausgeht, ein Wissen, das weder von einem ihm selbst überlegenen Zweck noch von jedem Prinzip weiß, welches ihm unter den verschiedenen Bereichen der vollständigen Erkenntnis einen legitimen Platz sichern könnte, so bescheiden er auch wäre. Da eine solche Wissenschaft unabänderlich in dem relativen und beschränkten Bereich eingeschlossen ist, in dem sie ihre Unabhängigkeit verkünden wollte, und da sie so selbst jede Verbindung mit der transzendenten Wahrheit und der höchsten Erkenntnis abgeschnitten hat, ist sie nur noch eine haltlose und illusorische Wissenschaft, die eigentlich von nichts kommt und zu nichts führt.

Dieser Überblick kann verständlich machen, was der modernen Welt im Bereich der Wissenschaft fehlt und wie dieselbe Wissenschaft, auf die sie so stolz ist, nur eine bloße Fehlentwicklung und gleichsam einen Abfall der wahren Wissenschaft darstellt, die sich nach unserer Ansicht ganz mit dem identifiziert, was wir die »sakrale Wissenschaft« oder die »traditionelle Wissenschaft« genannt haben. Die moderne Wissenschaft, die von einer willkürlichen Beschränkung der Erkenntnis auf einen bestimmten Sonderbereich ausgeht – dem niedrigsten von allen, dem der materiellen oder sinnlich wahrnehmbaren Realität –, hat aufgrund dieser Beschränkung und der Folgen, die sie unmittelbar mit sich bringt, jeden geistigen Wert eingebüßt, wenigstens, wenn man Geistigkeit in ihrem vollkommenen wahren Sinne versteht und es ablehnt, den »rationalistischen« Irrtum zu teilen, das heißt, die Vernunft mit dem reinen Verstand gleichzusetzen oder, was aufs Gleiche hinausläuft, die geistige Intuition zu leugnen. Was diesem Irrtum wie auch einem Großteil der anderen modernen Irrtümer zugrunde liegt, was die eigentliche Wurzel der ganzen Fehlentwicklung der Wissenschaft ist, wie wir sie soeben erklärt haben, liegt in dem, was man als »Individualismus« bezeichnen kann, der mit dem traditionsfeindlichen Geist zu einem Ganzen verschmilzt und dessen vielfältige Manifestationen in allen Bereichen einen der wichtigsten Faktoren für die Ordnungslosigkeit unseres Zeitalters bilden. Diesen »Individualismus« müssen wir nun näher untersuchen.

FÜNFTES KAPITEL

Der Individualismus

Unter »Individualismus« verstehen wir die Negation jedes über die Individualität hinausgehenden Prinzips und folglich die Beschränkung der Kultur in allen Bereichen allein auf die rein menschlichen Elemente. Im Grunde ist dies also das Gleiche wie das, was im Zeitalter der Renaissance als »Humanismus« bezeichnet wurde, wie wir weiter oben gesagt haben, und dies kennzeichnet eigentlich auch das, was wir vorhin »den profanen Standpunkt« genannt haben. All dies ist insgesamt nur ein und dasselbe unter verschiedenen Bezeichnungen; und wir haben auch noch gesagt, dass dieser »profane« Geist mit dem traditionsfeindlichen Geist verschmilzt, in dem sich alle spezifisch modernen Tendenzen vereinen. Dieser Geist ist gewiss nicht vollkommen neu: In anderen Zeitaltern gab es bereits mehr oder weniger deutliche, stets jedoch beschränkte und abwegige Erscheinungsformen – sie hatten sich nie auf den gesamten Komplex einer Kultur erstreckt, wie sie es im Verlauf der letzten Jahrhunderte im Westen getan haben. Bisher hatte man allerdings nie erlebt, dass eine ganze Kultur auf etwas rein Negativem aufgebaut wurde – auf etwas, das man als Prinzipienlosigkeit bezeichnen könnte. Gerade dies verleiht der modernen Welt ihr anormales Wesen, was aus ihr etwas Ungeheuerliches macht, das sich nur erklären lässt, wenn man es als etwas dem Ende einer zyklischen Periode Entsprechendes ansieht, wie es aus unseren ersten Erklärungen hervorgeht. Darum ist der Individualismus, wie wir ihn soeben definiert haben, durchaus die maßgebliche Ursache für den gegenwärtigen Niedergang des Westens, und das gerade dadurch, dass er gewissermaßen die Triebkraft der ausschließlichen Entwicklung der niedrigsten Möglichkeiten der Menschheit ist, derjenigen, deren Ausbreitung nicht das Eingreifen irgendeines übermenschlichen Elements verlangt und die sich sogar nur vollständig entfalten können, wenn ein solches Element fehlt, weil sie der äußerste Gegensatz jeder Spiritualität und jeder wahren Geistigkeit sind.

Zum Individualismus gehört zuallererst die Negation der geistigen Intuition, insofern diese im Wesentlichen eine überindividuelle Fähigkeit ist, und des Erkenntnisbereichs, der das eigentümliche Gebiet dieser Intuition ist, das heißt der in ihrem wahren Sinne verstandenen Metaphysik. Alles, was die modernen Philosophen mit demselben Namen »Metaphysik« bezeichnen, wenn sie etwas anerkennen, das sie so nennen, hat darum nichts mit der wahren Metaphysik gemein: Dies sind lediglich rationale Konstruktionen oder fantasievolle Hypothesen, also ganz individuelle Auffassungen, und ihr größter Teil bezieht sich außerdem lediglich auf das »physikalische« Gebiet, das heißt auf die Natur. Auch wenn es dabei eine Frage gibt, die tatsächlich mit dem metaphysischen Bereich verknüpft werden könnte, beschränkt die Art, wie sie betrachtet und behandelt wird, sie immer noch darauf, nur »Pseudometaphysik« zu sein, und macht außerdem jede reale und gültige Lösung unmöglich. Es scheint sogar, dass es sich für die Philosophen weitaus mehr darum handelt, »Probleme« aufzuwerfen, selbst wenn sie künstlich und illusorisch sein sollten, als sie zu lösen – dies ist ein Aspekt des regellosen Bedürfnisses nach einer Forschung um ihrer selbst willen, das heißt nach der haltlosesten Hektik im geistigen wie auch im körperlichen Bereich. Für dieselben Philosophen geht es auch darum, ihren Namen mit einem »System« zu verbinden, das heißt mit einem streng beschränkten und eingegrenzten Theorienkomplex, der ganz ihnen gehören, nichts anderes als ihr eigenes Werk sein soll. Hieraus erklärt sich das Verlangen, um jeden Preis originell zu sein, selbst wenn dieser Originalität die Wahrheit geopfert werden muss: Für das Ansehen eines Philosophen ist es besser, einen neuen Irrtum zu erfinden, als eine Wahrheit zu wiederholen, die schon von anderen formuliert wurde. Diese Form des Individualismus, der man so viele »Systeme« verdankt, die einander, wenn nicht gar sich selbst widersprechen, findet sich übrigens ebenso bei den modernen Wissenschaftlern und Künstlern; doch vielleicht kann man bei den Philosophen am deutlichsten die geistige Anarchie erkennen, die deren unvermeidliche Folge ist.

In einer traditionellen Kultur ist es beinahe unbegreiflich, dass jemand das Eigentum einer Idee für sich beansprucht, und wenn er es doch tut, verspielt er auf jeden Fall gerade dadurch jedes Ansehen und jede Autorität, denn damit lässt er sie lediglich als eine Art von Fantasie ohne jede reale Bedeutung erscheinen: Wenn eine Idee wahr ist, gehört sie gleichermaßen all denen, die fähig sind, sie zu verstehen; wenn sie falsch ist, braucht man sich nicht damit zu rühmen, sie erfunden zu haben. Eine wahre Idee kann nicht »neu« sein, denn die Wahrheit ist kein Produkt des menschlichen Geistes, sie existiert unabhängig von uns, und wir müssen sie nur erkennen. Außerhalb dieser Erkenntnis kann es nur Irrtum geben. Doch kümmern sich die Modernen eigentlich um Wahrheit, und wissen sie überhaupt noch, was sie ist? Auch hierbei haben die

Wörter ihren Sinn verloren, denn manche, wie die »Pragmatiker« unserer Zeit, gehen selbst so weit, dass sie als »Wahrheit« fälschlich das bezeichnen, was ganz einfach der praktische Nutzen ist, das heißt etwas, das überhaupt nichts mit dem geistigen Bereich zu tun hat. Als logisches Ergebnis der modernen Fehlentwicklung ist dies die Negation der Wahrheit selbst wie auch des Verstandes, dessen eigentlicher Gegenstand sie ist. Aber eilen wir nicht weiter voraus und weisen wir in diesem Zusammenhang nur noch darauf hin, dass die Art von Individualismus, wie sie soeben besprochen wurde, die Quelle der Illusionen über die Rolle der wirklich oder angeblich »großen Männer« ist. Das im »profanen« Sinne verstandene Genie bedeutet tatsächlich sehr wenig, und auf keinen Fall könnte es das Fehlen einer wahren Erkenntnis ersetzen.

Da wir von Philosophie gesprochen haben, möchten wir noch, ohne auf alle Details einzugehen, auf einige Folgen des Individualismus in diesem Bereich hinweisen: Die allererste war, dass man durch die Negation der geistigen Intuition die Vernunft über alles stellte und aus dieser rein menschlichen und relativen Fähigkeit den höchsten Teil des Verstandes machte oder diesen sogar ganz darauf beschränkte. Dadurch bildet sich der »Rationalismus« heraus, dessen wahrer Gründer Descartes war. Diese Beschränkung des Verstandes war außerdem nur eine erste Etappe; selbst die Vernunft sollte bald immer mehr auf eine vor allem praktische Rolle herabgestuft werden. Dies geschah in dem Maße, wie die Anwendungen den Vorrang vor den Wissenschaften – die noch einen gewissen spekulativen Charakter haben konnten – gewinnen sollten; und schon Descartes selbst beschäftigte sich im Grunde weitaus mehr mit diesen praktischen Anwendungen als mit reiner Wissenschaft. Aber das ist nicht alles: Der Individualismus bringt unausweichlich den »Naturalismus« mit sich, denn alles, was über die Natur hinausgeht, ist gerade dadurch für das Individuum als solches unerreichbar. »Naturalismus« und Negation der Metaphysik sind im Übrigen nur ein und dasselbe, und sobald die geistige Intuition missachtet wird, ist keine Metaphysik mehr möglich. Doch während manche hartnäckig an irgendeiner »Pseudometaphysik« bauen, erkennen andere freimütiger an, dass dies unmöglich ist. Hieraus ergibt sich der »Relativismus« in all seinen Formen, ob es nun um Kants »Kritizismus« oder Auguste Comtes »Positivismus« geht; und da die Vernunft selbst ganz relativ ist und sich nur auf einen gleichermaßen relativen Bereich gültig anwenden lässt, trifft es voll und ganz zu, dass der »Relativismus« das einzig logische Endergebnis des »Rationalismus« ist. Dieser musste übrigens dadurch so weit kommen, sich selbst zu zerstören: »Natur« und »Werden«, wie wir weiter oben festgestellt haben, sind in Wirklichkeit synonym; ein konsequenter »Naturalismus« kann also nur eine von diesen »Philosophien des Werdens« sein, von denen wir bereits gesprochen haben und deren spezifisch moderner Typus der »Evolutionismus« ist. Doch gerade dieser sollte sich schließlich gegen den »Rationalismus« wenden, wobei er der Vernunft vorwarf, sie lasse sich nicht adäquat auf das anwenden, was nur Wandel und reine Vielheit sei, und sie könne in ihren Begriffen auch nicht die unendliche Komplexität der sinnlich wahrnehmbaren Dinge einschließen. Diese Stellung nimmt tatsächlich jene Form des »Evolutionismus« ein, die Bergsons »Intuitionismus« ist. Er erweist sich selbstverständlich als nicht weniger individualistisch und antimetaphysisch als der »Rationalismus«, und gerade wenn er ihn zu Recht kritisiert, sinkt er noch tiefer, indem er sich auf eine spezifisch unterrationale Fähigkeit, eine sinnliche Intuition beruft, die im Übrigen recht ungenau definiert und mehr oder weniger stark mit Einbildungen, Instinkt und Gefühl vermischt ist. Als sehr bedeutsam erweist sich, dass es hier nicht einmal mehr um »Wahrheit«, sondern lediglich um »Wirklichkeit« geht, die ausschließlich auf den sinnlich wahrnehmbaren Bereich beschränkt und als etwas im Wesentlichen Bewegliches und Unbeständiges aufgefasst wird. Mit solchen Theorien ist der Verstand wahrhaftig auf seinen niedrigsten Teil eingeschränkt, und die Vernunft selbst wird nur noch insofern anerkannt, als sie dazu verwendet wird, die Materie für industrielle Zwecke zu gestalten. Danach musste man nur noch einen Schritt bewältigen: Das war die vollständige Negation des Verstandes und der Erkenntnis, der Ersatz der »Wahrheit« durch die »Nützlichkeit«. Darum ging es dem »Pragmatismus«, auf den wir vorhin bereits hingewiesen haben. Hier sind wir nun nicht einmal mehr wie beim »Rationalismus« schlicht und einfach im menschlichen, sondern wahrhaftig im untermenschlichen Bereich, mit der Berufung auf das »Unterbewusste«, welche die vollständige Umkehrung jeder normalen Rangordnung kennzeichnet. Dies ist in großen Linien der Weg, dem die sich selbst überlassene »profane« Philosophie unabwendbar folgen musste und dem sie tatsächlich gefolgt ist, indem sie jede Erkenntnis auf ihren eigenen Horizont beschränken wollte. Solange es eine höhere Erkenntnis gab, konnte nichts Derartiges eintreten, denn die Philosophie war wenigstens verpflichtet, das zu achten, was sie nicht kannte und nicht negieren konnte. Doch als diese höhere Erkenntnis verschwunden war, wurde ihre Negation, die dem jeweiligen Sachverhalt entsprach, bald zur Theorie erhoben, und davon geht die ganze moderne Philosophie aus.

Doch damit ist genug über die Philosophie gesagt, der man keine übermäßige Bedeutung zuschreiben sollte, welchen Platz sie auch immer in der modernen Welt zu besetzen scheint. Ausgehend von dem Standpunkt, den wir einnehmen, ist sie vor allem dadurch interessant, dass sie in möglichst eindeutiger Form die Tendenzen dieses oder jenes Moments ausdrückt, und dies gilt weitaus mehr, als dass sie diese Tendenzen wirklich schafft. Wenn man sagen kann, sie bestimme diese Tendenzen bis zu einem gewissen Punkt, gilt dies nur auf sekundäre und nachträgliche Weise. So trifft es etwa zu, dass die ganze moderne Philosophie ihren Ursprung bei Descartes hat – doch der Einfluss, den dieser zunächst auf seine Zeit und danach auf die folgenden Perioden ausübte und der sich nicht allein auf die Philosophen beschränkte, wäre nicht möglich gewesen, wenn seine Auffassungen nicht bereits zuvor existierenden Tendenzen entsprochen hätten, die im Grunde die seiner Zeitgenossen insgesamt waren. Der moderne Geist hat sich im Cartesianismus wiedergefunden, und durch dessen Vermittlung hat er ein klareres Selbstbewusstsein als zuvor gewonnen. Übrigens ist in jedem beliebigen Bereich eine so offensichtliche Bewegung, wie es der Cartesianismus in philosophischer Hinsicht war, stets eher eine Folge als ein wirklicher Ausgangspunkt. Sie ist nichts Spontanes, sondern das Produkt einer ganzen latenten und diffusen Arbeit. Wenn ein Mann wie Descartes besonders repräsentativ für die moderne Verirrung ist und wenn man sagen kann, dass er sie gewissermaßen und von einem bestimmten Standpunkt aus verkörpert, ist er hierfür gleichwohl nicht der einzige und auch nicht der erste Verantwortliche, und man müsste viel weiter zurückgehen, um die Wurzeln dieser Verirrung zu finden. Ebenso vollendeten Renaissance und Reformation, die man meistens als die ersten großen Manifestationen des modernen Geistes ansieht, den Bruch mit der Tradition weitaus mehr, als dass sie ihn hervorriefen. Nach unserer

Ansicht geht der Ursprung dieses Bruchs auf das vierzehnte Jahrhundert zurück – mit ihm, und nicht ein oder zwei Jahrhunderte später, muss man die modernen Zeiten wirklich beginnen lassen.

Diesen Bruch mit der Tradition müssen wir nachdrücklich betonen, denn aus ihm ist die moderne Welt entstanden, deren spezifische Wesenszüge man insgesamt in einem einzigen zusammenfassen könnte: im Gegensatz zum traditionellen Geist. Und die Negation der Tradition ist auch noch der Individualismus. Dies stimmt übrigens vollkommen mit dem Vorhergehenden überein, denn wie wir erklärt haben, liegen die geistige Intuition und die reine metaphysische Lehre jeder traditionellen Kultur zugrunde. Sobald man das Prinzip negiert, negiert man auch, wenigstens implizit, alle Folgen, und so wird gerade dadurch die Gesamtheit dessen zerstört, was den Namen »Tradition« wirklich verdient. Wir haben bereits gesehen, was in dieser Hinsicht in den Wissenschaften eingetreten ist. Hierauf kommen wir also nicht zurück und beschäftigen uns nun mit einem anderen Aspekt der Frage, bei dem die Manifestationen des traditionsfeindlichen Geistes vielleicht noch unmittelbarer sichtbar sind, weil es sich hier um Veränderungen handelt, welche die Masse der Westler selbst direkt beeinflusst haben. Tatsächlich waren die »traditionellen Wissenschaften« des Mittelalters einer mehr oder weniger beschränkten Elite vorbehalten, und manche von ihnen waren sogar die ausschließliche Domäne von sich weitgehend absondernden Schulen, sodass sie etwas »Esoterisches« im strengsten Sinne des Wortes bildeten. Doch andererseits gab es in der Tradition auch etwas, das allen unterschiedslos gemeinsam war, und über diesen äußeren Teil wollen wir nun sprechen. Die westliche Tradition war damals äußerlich eine Tradition von spezifisch religiöser Form, die vom Katholizismus repräsentiert wurde. Also müssen wir uns im religiösen Bereich mit dem Aufstand gegen den traditionellen Geist beschäftigen. Als dieser Aufstand eine klare Gestalt angenommen hatte, nannte er sich Protestantismus; und man kann unschwer feststellen, dass es sich dabei tatsächlich um eine Manifestation des Individualismus handelt, was so sehr zutrifft, dass man sagen könnte, dies sei nichts anderes als der Individualismus selbst, wenn man ihn in seiner Anwendung auf die Religion betrachtet. Was der Protestantismus bewirkt, wie auch das, was die moderne Welt bewirkt, ist nur eine Negation, eben die Negation der Prinzipien, die das eigentliche Wesen des Individualismus ist; und hierin kann man auch noch eines der eindrucksvollsten Beispiele für den sich daraus ergebenden Zustand der Anarchie und Auflösung sehen.

Wer Individualismus sagt, meint zwangsläufig auch die Weigerung, eine über dem Individuum stehende Autorität sowie eine der individuellen Vernunft überlegene Erkenntnisfähigkeit anzuerkennen. Beides lässt sich nicht voneinander trennen. Folglich musste der moderne Geist jede im übermenschlichen Bereich wurzelnde, im wahren Sinne des Wortes spirituelle Autorität und jede traditionelle, im Wesentlichen auf einer solchen Autorität beruhende Ordnung ablehnen, wobei es im Übrigen nicht darauf ankommt, welche Form sie annimmt, denn die Form unterscheidet sich naturgemäß den jeweiligen Kulturen entsprechend. So geschah es tatsächlich: Der Protestantismus wollte die Autorität der Ordnung, die befähigt war, die religiöse Tradition des Westens rechtmäßig zu interpretieren, durch das ersetzen, was er die »freie Prüfung« nannte, das heißt die der Willkür eines jeden – selbst der Ignoranten und Unfähigen – überlassene und allein auf dem Gebrauch der menschlichen Vernunft beruhende Interpretation. Im religiösen Bereich war er also die Entsprechung dessen, was der »Rationalismus« in der Philosophie sein würde. Er war das für alle Diskussionen, Meinungsverschiedenheiten und Verirrungen offen stehende Tor. Daraus ergab sich, was kommen musste: der Zerfall in eine ständig wachsende Vielzahl von Sekten, von denen jede nur die besondere Meinung einiger Individuen repräsentiert. Da es unter solchen Bedingungen unmöglich war, sich über die Lehre zu verständigen, trat diese schnell in den Hintergrund, und die untergeordnete Seite der Religion, wir meinen die Moral, übernahm den ersten Platz: Hieraus ergab sich jene Entartung zum »Moralismus«, wie er im gegenwärtigen Protestantismus so spürbar ist. Hier ist es zu einem Phänomen gekommen, das parallel zu dem verläuft, wie wir es in Bezug auf die Philosophie hervorgehoben haben. Die Auflösung der Lehre, das Verschwinden der geistigen Elemente der Religion, brachte diese unvermeidliche Folge mit sich: Vom »Rationalismus« ausgehend musste man dem »Sentimentalismus« verfallen, und in den angelsächsischen Ländern könnte man hierfür die auffälligsten Beispiele finden. Dann geht es nicht mehr um Religion – selbst nicht um eine geschwächte und entstellte –, sondern ganz einfach um »Religiosität«, das heißt um vage sentimentale Bestrebungen, die durch keine reale Erkenntnis gerechtfertigt werden; und diesem letzten Stadium entsprechen solche Theorien wie die der »religiösen Erfahrung« von William James, der so weit geht, im »Unterbewussten« das Mittel für den Menschen zu sehen, in Verbindung mit dem Göttlichen zu treten. Hier verschmelzen die letzten religiösen Verfallsprodukte mit den philosophischen Verfallsprodukten: Die »religiöse Erfahrung« gliedert sich in den »Pragmatismus« ein, in dessen Namen man für die Vorstellung von einem begrenzten Gott eintritt. Diese sei »vorteilhafter« als die Vorstellung von Gott als Unendlichem, weil man so für Gott Gefühle empfinden könne, die sich mit denen vergleichen ließen, die man einem überlegenen Menschen gegenüber empfände. Und durch die Berufung auf das »Unterbewusste« kommt man gleichzeitig dazu, mit dem Spiritismus und allen für unsere Zeit bezeichnenden »Pseudoreligionen« übereinzustimmen, die wir in anderen Arbeiten untersucht haben. Da die protestantische Moral zunehmend alle Grundlagen einer Lehre beseitigt, entartet sie schließlich zu dem, was man die »laizistische Moral« nennt, welche die Vertreter aller Spielarten des »liberalen Protestantismus« wie auch die erklärten Gegner jeder religiösen Idee zu ihren Anhängern zählt. Im Grunde herrschen bei den einen wie den anderen dieselben Tendenzen vor, und der einzige Unterschied besteht darin, dass nicht alle bei der logischen Ausgestaltung all dessen, was darin enthalten ist, gleich weit gehen.

Da die Religion eigentlich eine Form der Tradition ist, kann der traditionsfeindliche Geist tatsächlich nur antireligiös sein. Zunächst verfälscht er die Religion, und wenn er es vermag, beseitigt er sie schließlich vollständig. Der Protestantismus ist darin unlogisch, dass er sich zwar bemüht, die Religion zu »humanisieren«, doch trotz allem noch ein übermenschliches Element weiterbestehen lässt, wenigstens in der Theorie, nämlich die Offenbarung. Er wagt es nicht, die Negation auf die Spitze zu treiben, doch indem er diese Offenbarung allen Diskussionen preisgibt, welche die Folge von rein menschlichen Interpretationen sind, reduziert er sie tatsächlich darauf, bald nichts mehr zu sein. Und wenn man Leute sieht, die zwar daran festhalten, sich »Christen« zu nennen, aber nicht einmal mehr die Göttlichkeit Christi anerkennen, so darf man glauben, dass sie, vielleicht ohne es zu ahnen, der vollständigen Negation näher als dem wahren Christentum sind. Solche Widersprüche sollten uns im Übrigen nicht sonderlich erstaunen, denn in allen Bereichen sind sie eines der Symptome unseres ordnungslosen und verworrenen Zeitalters, ebenso wie die ständig weitergehende Aufspaltung des Protestantismus nur eine der zahlreichen Manifestationen dieser Zersplitterung in der Vielheit ist, die sich, wie wir gesagt haben, überall im Leben und in der Wissenschaft der modernen Zeit wiederfindet. Zudem ist es natürlich, dass der Protestantismus mit dem ihn beseelenden Geist der Negation jene zersetzende »Kritik« hervorgebracht hat, die in der Hand der sogenannten »Religionshistoriker« zu einer Waffe geworden ist, um jede Religion zu bekämpfen – und dass er zwar behauptet, keine andere Autorität als die der Heiligen Schrift anzuerkennen, so jedoch in beträchtlichem Ausmaß zur Vernichtung ebendieser Autorität, das heißt des Minimums an Tradition, das er noch bewahrte, beigetragen hat. Sobald der Aufstand gegen den traditionellen Geist einmal begonnen hatte, konnte er nicht auf halbem Wege stehen bleiben.

Hier könnte man einen Einwand vorbringen: Wäre es nicht möglich gewesen, dass sich der Protestantismus zwar von der katholischen Ordnung trennte, doch gerade deshalb, weil er immerhin die Heilige Schrift anerkannte, die in ihr enthaltene traditionelle Lehre bewahrte? Einer solchen Hypothese stellt sich entschieden die Einführung der »freien Prüfung der Glaubenssätze« entgegen, denn sie erlaubt alle individuellen Fantasievorstellungen. Die Bewahrung der Lehre setzt außerdem einen geordneten traditionellen Unterricht voraus, durch den die orthodoxe Interpretation aufrechterhalten wird, und dieser Unterricht stimmte in der westlichen Welt tatsächlich vollständig mit dem Katholizismus überein. In anderen Kulturen kann es sicher Ordnungen mit ganz andersartigen Formen als dieser geben, um die entsprechende Aufgabe zu erfüllen – doch hier geht es um die westliche Kultur mit ihren besonderen Bedingungen. Man kann es daher nicht als Argument nutzen, dass es zum Beispiel in Indien keine mit dem Papsttum vergleichbare Institution gibt. Der Fall liegt ganz anders, zunächst einmal, weil man es nicht mit einer religiös geprägten Tradition im westlichen Sinne dieses Wortes zu tun hat, sodass die Mittel, mit denen diese Tradition erhalten und übertragen wird, nicht dieselben sein können, und danach gilt auch, da der hinduistische Geist ganz anders als der europäische Geist ist, dass die Tradition im ersten Fall durch sich selbst eine Macht haben kann, die sie im zweiten Fall nicht ohne die Unterstützung durch eine in ihrem äußeren Aufbau viel genauer bestimmte Ordnung erlangen könnte. Wir haben bereits gesagt, dass die westliche Tradition seit dem Christentum zwangsläufig eine religiöse Form annehmen musste. Es würde zu weit führen, hier alle Gründe zu erläutern, die man nur vollständig verstehen kann, wenn man sich recht komplexer Überlegungen bedient. Dies ist jedoch eine Sachlage, die nicht von der Hand zu weisen ist,[22] und damit muss man auch alle Folgen anerkennen, die sich hieraus für die einer solchen traditionellen Form angemessene Ordnung ergeben.

Zudem ist es ganz sicher, wie wir ebenfalls weiter oben angegeben haben, dass sich allein im Katholizismus das erhalten hat, was trotz alledem noch an traditionellem Geist im Westen fortbesteht. Soll das heißen, dass man wenigstens dort von einer vollständigen Bewahrung der Tradition sprechen kann, die vor jeder Beeinträchtigung durch den modernen Geist sicher wäre? Leider hat man nicht den Eindruck, dass es sich so verhält – oder, um es genauer zu sagen, wenn das Vermächtnis der Tradition vollständig erhalten geblieben ist, was schon viel bedeutet, ist es doch recht zweifelhaft, dass ihr tiefer Sinn immer noch wirklich verstanden wird, selbst von einer wenig zahlreichen Elite, deren Vorhandensein sich gewiss durch eine Wirkung oder vielmehr durch einen Einfluss äußern würde, den wir tatsächlich nirgendwo feststellen. Es ist also wahrscheinlicher, dass es sich um etwas handelt, was wir gern eine Bewahrung im latenten Zustand nennen möchten. Sie wird es denen, die dazu fähig sind, stets ermöglichen, den Sinn der Tradition wiederzufinden, selbst wenn dieser Sinn gegenwärtig niemandem bewusst sein sollte. Überdies gibt es auch, hier und da in der westlichen Welt verstreut, außerhalb des religiösen Bereichs viele Zeichen oder Symbole, die von früheren traditionellen Lehren herrühren und die man beibehält, ohne sie zu verstehen. In solchen Fällen ist eine Verbindung mit dem voll und ganz lebendigen traditionellen Geist notwendig, um das zu erwecken, was gewissermaßen in Schlaf versunken ist, und um das verlorene Verständnis wiederherzustellen – und, sagen wir es noch einmal, vor allem hierbei wird der Westen den Beistand des Ostens benötigen, wenn er zum Bewusstsein seiner eigenen Tradition zurückfinden will.

Was wir soeben gesagt haben, bezieht sich im Grunde auf die Möglichkeiten, die der Katholizismus durch sein Prinzip beständig und unveränderlich in sich selbst trägt. Folglich beschränkt sich hier der Einfluss des modernen Geistes zwangsläufig darauf, während eines mehr oder weniger langen Zeitraums zu verhindern, dass manche Dinge tatsächlich verstanden werden. Wenn man hingegen vom gegenwärtigen Zustand des Katholizismus spricht und ihn so verstehen will, wie er von der großen Mehrheit seiner Anhänger selbst angesehen wird, wäre man durchaus gezwungen, eine positivere Wirkung des modernen Geistes festzustellen, sofern sich dieser Ausdruck für etwas verwenden lässt, das eigentlich im Wesentlichen negativ ist. Woran wir in diesem Zusammenhang denken, sind nicht nur recht deutlich bestimmte Bewegungen wie die, der man ja gerade den Namen »Modernismus« gegeben hat und die nichts anderes als ein – glücklicherweise vereitelter – Versuch war, den protestantischen Geist in die katholische Kirche selbst einzuschleusen. Vielmehr geht es vor allem um einen weitaus allgemeineren, diffuseren und schwerer zu erfassenden Geisteszustand, der also noch gefährlicher ist – und sogar umso gefährlicher, als er denen, die von ihm beeinflusst werden, vollkommen unbewusst ist: Man kann glauben, aufrichtig religiös zu sein, und es im Grunde keineswegs sein. Man kann sich sogar als »Traditionalist« bezeichnen, ohne die geringste Vorstellung vom wahren traditionellen Geist zu haben, und auch dies ist eines der Symptome für die geistige Unordnung in unserer Zeit. Der Geisteszustand, den wir meinen, ist zuallererst derjenige, der, wenn man so sagen darf, darin besteht, die Religion zu »minimieren«, aus ihr etwas zu machen, das man abtrennt und dem man lediglich einen deutlich abgegrenzten und möglichst kleinen Platz zuerkennt – etwas, das keinen wirklichen Einfluss auf das übrige Leben hat und von ihm durch so etwas wie eine hermetische Trennwand isoliert ist. Gibt es denn heute viele Katholiken, die im Alltagsleben Denk– und Handlungsweisen zeigen, mit denen sie sich spürbar von jenen ihrer »areligiösesten« Zeitgenossen unterscheiden? Hier geht es auch um die nahezu vollständige Unkenntnis auf dem Gebiet der Lehre, ja sogar um die Gleichgültigkeit in Bezug auf alles, was damit zu tun hat. Für viele ist die Religion lediglich eine Sache der »Andachtsübungen«, der Gewohnheit, um es nicht »Routine« zu nennen, und man verzichtet sorgfältig darauf, irgendetwas von den Dingen verstehen zu wollen, ja man gelangt sogar zu der Ansicht, dass es unnütz sei, etwas zu verstehen, oder dass es vielleicht auch gar nichts zu verstehen gebe. Könnte man außerdem der Religion einen so bescheidenen Platz unter seinen Beschäftigungen zuweisen, wenn man sie wirklich verstünde? Die Lehre ist also tatsächlich vergessen oder im Grunde auf ein Nichts geschrumpft, was sich eigentümlich der protestantischen Auffassung annähert, weil dies eine Wirkung derselben modernen Tendenzen ist, die sich jeder Geistigkeit entgegenstellen. Am meisten zu bedauern ist, dass der Unterricht, der im Allgemeinen erteilt wird, nicht auf diesen Geisteszustand reagiert, sondern ihn im Gegenteil fördert, indem er sich ihm nur zu gut anpasst: Man spricht ständig von Moral, beinahe nie spricht man von der Lehre, unter dem Vorwand, dass man dann nicht verstanden würde. Jetzt ist die Religion nur noch »Moralismus«, oder wenigstens hat man den Eindruck, dass niemand mehr sehen will, was sie wirklich ist und was etwas ganz anderes ist. Wenn allerdings hier und da gleichwohl von der Lehre die Rede ist, so geschieht dies nur allzu oft, um sie herabzusetzen, indem man mit Gegnern auf ihrem eigenen »profanen« Gebiet diskutiert. Dies führt unausweichlich dazu, ihnen die am wenigsten gerechtfertigten Zugeständnisse zu machen. So hält man sich vor allem für verpflichtet, mehr oder weniger weitgehend die angeblichen Resultate der modernen »Kritik« zu berücksichtigen, obwohl nichts leichter wäre, als ihre ganze Nichtigkeit aufzuzeigen, wenn man denn einen anderen Standpunkt einnähme. Was kann unter diesen Bedingungen tatsächlich vom wahren traditionellen Geist übrig bleiben?

Dieser Exkurs, zu dem wir durch die Untersuchung der Manifestationen des Individualismus im religiösen Bereich veranlasst wurden, scheint uns nicht überflüssig, denn er zeigt, dass das Übel in dieser Hinsicht noch schwerwiegender und umfassender ist, als man auf den ersten Blick glauben könnte; und überdies entfernt er uns nicht allzu sehr von der Frage, die wir untersucht haben und an die sich unsere letzte Feststellung sogar direkt anschließt, denn der Individualismus führt auch noch überall den Geist der Diskussion ein. Es fällt sehr schwer, unseren Zeitgenossen verständlich zu machen, dass es Dinge gibt, die sich aufgrund ihres eigenen Wesens nicht diskutieren lassen. Der moderne Mensch will sich nicht zur Wahrheit erheben, sondern versucht, sie auf sein Niveau hinabzudrücken. Gewiss gibt es deshalb so viele, die, wenn man ihnen von »traditionellen Wissenschaften« oder sogar von reiner Metaphysik erzählt, sich vorstellen, dass es sich nur um »profane Wissenschaft« und »Philosophie« handele. Im Bereich der individuellen Meinungen kann man immer diskutieren, weil man dann nicht über die rationale Ordnung hinausgeht und, ohne sich auf ein höheres Prinzip zu berufen, unschwer mehr oder weniger gültige Argumente finden kann, um sowohl das »Pro« als auch das »Kontra« zu stützen. In vielen Fällen kann man die Diskussion sogar endlos weitertreiben, ohne zu irgendeiner Lösung zu gelangen, und so kommt es, dass beinahe die ganze moderne Philosophie nur aus Mehrdeutigkeiten und schlecht gestellten Fragen besteht. Die Diskussion erhellt bei Weitem nicht die Fragen, wie man dies gewöhnlich annimmt, sondern verlagert sie meistens nur, wenn sie diese nicht noch mehr verdunkelt. Und in der Regel kommt dabei nichts weiter heraus, als dass das üblichste Ergebnis darin besteht, dass jeder, indem er sich bemüht, seinen Gegner zu überzeugen, sich mehr denn je mit seiner eigenen Meinung identifiziert und sich noch ausschließlicher als zuvor darin absondert. Bei alledem geht es im Grunde nicht darum, zur Erkenntnis der Wahrheit zu gelangen, vielmehr will man trotz allem recht haben oder wenigstens sich selbst davon überzeugen, wenn man schon die anderen nicht davon überzeugen kann – was man außerdem umso mehr bedauern wird, als sich dies immer mit dem Bedürfnis nach »Proselytismus« vermischt, das auch noch eines der typischsten Elemente des westlichen Geistes ist. Der Individualismus im gewöhnlichsten und niedrigsten Sinne des Wortes äußert sich zuweilen auf eine noch offensichtlichere Weise: Sieht man etwa nicht ständig Leute, die das Werk eines Mannes nach dem beurteilen wollen, was sie über sein Privatleben wissen, als könnte es zwischen diesen beiden Sachverhalten irgendeine Beziehung geben? Von derselben Neigung zusammen mit der krankhaften Vorliebe für Details leiten sich auch, worauf wir beiläufig hinweisen wollen, das Interesse für die kleinsten Besonderheiten im Leben der »großen Männer« und die illusionäre Vorstellung ab zu glauben, man könne alles, was sie getan haben, mit so etwas wie einer »psychophysiologischen« Analyse erklären. All das ist ziemlich aufschlussreich für jemanden, der begreifen möchte, was die gegenwärtige Mentalität wirklich ist.

Kommen wir aber noch einen Augenblick zurück auf die Einführung der Diskussionsgewohnheiten in jene Bereiche, wo sie nichts zu suchen haben, und sagen unmissverständlich: Die »apologetische« Haltung ist an sich eine äußerst schwache Haltung, weil sie als reine »Verteidigung« im juristischen Wortsinn auftritt; nicht grundlos wird sie mit einem Begriff bezeichnet, der von »Apologie« abgeleitet ist, denn diese bedeutet eigentlich die Verteidigungsrede eines Anwalts, und in einer Sprache wie dem Englischen hat das Wort sogar die allgemeine Bedeutung »Entschuldigung« angenommen. Die vorrangige Rolle, die man der »Apologetik« einräumt, ist also ein unbestreitbares Kennzeichen für ein Zurückweichen des religiösen Geistes. Diese Schwäche verstärkt sich noch mehr, wenn die »Apologetik«, wie wir vorhin gesagt haben, zu ganz »profanen« Diskussionen durch die Wahl der Methode und des Standpunkts entartet, wenn die Religion auf dieselbe Ebene wie die philosophischen und wissenschaftlichen oder pseudowissenschaftlichen – die kontingentesten und hypothetischsten – Theorien gestellt wird und wenn man, um »versöhnlich« zu wirken, in einem gewissen Maße sogar Auffassungen anerkennt, die nur ersonnen wurden, um jede Religion zu vernichten. Die so handeln, liefern selbst den Beweis, dass ihnen das wahre Wesen der Lehre, für deren mehr oder weniger rechtmäßige Vertreter sie sich halten, vollkommen unbewusst ist. Wer befähigt ist, im Namen einer traditionellen Lehre zu sprechen, braucht nicht mit den »Profanen« zu diskutieren und auch keine »Polemik« zu führen; er hat lediglich die Lehre so darzulegen, wie sie ist, und zwar für diejenigen, die sie verstehen können, und gleichzeitig soll er den Irrtum überall anprangern, wo dieser sich findet, ihn als solchen erscheinen lassen, indem er das Licht der wahren Erkenntnis auf ihn wirft. Seine Aufgabe ist es nicht, einen Kampf zu eröffnen und dabei die Lehre zu gefährden, vielmehr soll er das Urteil fällen, das er rechtmäßig fällen darf, wenn er tatsächlich die Prinzipien besitzt, die ihn unfehlbar inspirieren müssen ... Das Feld des Kampfes ist das des Handelns, das heißt das individuelle und weltliche Feld; der »unbewegte Beweger« erzeugt und lenkt die Bewegung, ohne in sie hineingezogen zu werden; die Erkenntnis erhellt das Handeln, ohne an seinen Wechselfällen teilzuhaben; das Spirituelle leitet das Weltliche, ohne sich mit ihm zu verbinden. Und so bleibt alles in seiner Ordnung, auf der Rangstufe, die ihm in der universellen Hierarchie zukommt. Doch wo kann man in der modernen Welt noch die Vorstellung von einer wahren Hierarchie finden? Nichts und niemand ist mehr am angestammten Platz. Die Menschen erkennen im spirituellen Bereich keine wirksame Autorität und im weltlichen Bereich keine legitime Macht mehr an. Die »Profanen« erlauben sich, sakrale Dinge zu diskutieren, ihr Wesen und selbst ihre Existenz zu bestreiten. Das Niedrigere beurteilt so das Höhere, das Unwissen zwingt seine Grenzen der Weisheit auf, der Irrtum überflügelt die Wahrheit, das Menschliche ersetzt das Göttliche, die Erde triumphiert über den Himmel, das Individuum macht sich zum Maß aller Dinge und will dem Universum Gesetze diktieren, die es vollständig seiner eigenen relativen und fehlbaren Vernunft entnommen hat. »Weh euch, ihr blinden Führer«, heißt es im Evangelium. Heute sieht man tatsächlich überall nur Blinde, die andere Blinde leiten und sie, wenn ihnen nicht rechtzeitig Einhalt geboten wird, unabwendbar zum Abgrund führen, wo sie zusammen mit ihnen untergehen werden.

SECHSTES KAPITEL

Das Gesellschaftliche Chaos

In der vorliegenden Untersuchung wollen wir uns nicht eingehend mit dem gesellschaftlichen Standpunkt beschäftigen. Er interessiert uns nur sehr indirekt, weil er lediglich eine recht weit entfernte Anwendung der Grundprinzipien darstellt, und folglich könnte ein Wiederaufstieg der modernen Welt auf jeden Fall nicht in diesem Bereich beginnen. Wenn dieser Wiederaufstieg tatsächlich so in umgekehrter Richtung unternommen würde, das heißt, indem er von den Folgen und nicht von den Prinzipien ausginge, würde ihm zwangsläufig eine ernsthafte Grundlage fehlen, und er wäre vollkommen illusorisch. Hieraus könnte sich nichts Beständiges ergeben, und alles wäre unaufhörlich immer wieder von vorn zu beginnen, weil man es versäumt hätte, sich vor allem über die wesentlichen Wahrheiten zu verständigen. Darum können wir den politischen Kontingenzen, selbst wenn wir diesen Begriff in seinem weitesten Sinne verstehen, keinen anderen Wert als den von bloßen äußeren Zeichen für die Mentalität eines Zeitalters beimessen – doch selbst in dieser Beziehung können wir die Manifestationen der modernen Unordnung im eigentlichen gesellschaftlichen Bereich nicht vollständig mit Stillschweigen übergehen.

Wir haben gerade darauf hingewiesen, dass sich im gegenwärtigen Zustand der westlichen Welt niemand mehr an seinem angestammten Platz, wie er ihm normalerweise aufgrund seines eigenen Wesens zukommt, befindet. Dies bringt man zum Ausdruck, wenn man sagt, dass es keine Kasten mehr gibt, denn die in ihrem wahren traditionellen Sinne verstandene Kaste ist nichts anderes als die individuelle Natur selbst, mit der Gesamtheit der besonderen Fähigkeiten, die sie mit sich bringt und die jeden Menschen auf die Erfüllung dieser oder jener bestimmten Funktion vorbereiten. Sobald der Zugang zu beliebigen Funktionen nicht mehr einer rechtmäßigen Richtschnur unterworfen ist, ergibt sich daraus unvermeidlich, dass sich jeder veranlasst fühlt, irgendetwas zu tun, und oft gerade das, wozu er am wenigsten befähigt ist. Die Rolle, die er dann in der Gesellschaft spielt, wird nicht durch den Zufall bestimmt, denn diesen gibt es in Wirklichkeit nicht,[23] sondern durch das, was den trügerischen Eindruck des Zufalls vermitteln kann, das heißt durch die Verflechtung aller möglichen akzidentellen Umstände; was hierbei die geringste Rolle spielen wird, ist genau der einzige Faktor, der in einem solchen Fall zählen müsste, wir meinen die natürlichen Unterschiede, die es zwischen den Menschen gibt. Die Ursache für diese ganze Unordnung ist die Negation der Unterschiede selbst, welche die Negation der ganzen gesellschaftlichen Rangordnung mit sich bringt. Und diese Negation war anfänglich vielleicht kaum bewusst und eher praktisch als theoretisch, denn zuerst gerieten die Kasten durcheinander, und danach wurden sie vollständig beseitigt. Oder mit anderen Worten: Zunächst hat man sich in der Natur der Individuen getäuscht, bevor man so weit ging, sie überhaupt nicht mehr zu beachten, und die Modernen haben diese Negation hierauf unter der Bezeichnung »Gleichheit« zu einem Scheinprinzip erhoben. Es ließe sich nur allzu leicht nachweisen, dass es nirgendwo Gleichheit geben kann, und das aus dem einfachen Grund, dass sich keine zwei Wesen finden ließen, die untereinander in jeder Beziehung zugleich wirklich unterschiedlich und vollkommen ähnlich sind. Und es fiele nicht weniger leicht, alle absurden Folgen hervorzuheben, die sich aus dieser schimärischen Vorstellung ergeben, in deren Namen man überall vollständige Einförmigkeit durchsetzen will, indem man zum Beispiel allen den gleichen Unterricht erteilt, als wären alle gleichermaßen fähig, dieselben Dinge zu verstehen, und als wären dieselben Methoden allen unterschiedslos angemessen, um ihnen diese Dinge verständlich zu machen. Man darf sich außerdem fragen, ob es nicht eher darum geht, etwas zu »erlernen«, als es wirklich zu »begreifen«, das heißt, ob der Verstand in der ganz verbalen und »papierenen« Konzeption des heutigen Unterrichts nicht durch das Gedächtnis ersetzt wird, denn dabei bemüht man sich nur um die Anhäufung von rudimentären und bunt zusammengewürfelten Vorstellungen, und die Qualität wird der Quantität vollständig geopfert, wie dies überall in der modernen Welt aus Gründen geschieht, die wir im Folgenden vollständiger erklären: Es geht immer um eine Zersplitterung in der Vielheit. In diesem Zusammenhang gäbe es sehr viel über die schädlichen Folgen der »Schulpflicht« zu sagen. Hier ist jedoch nicht der richtige Ort, um gründlicher darauf einzugehen. Damit wir nicht den thematischen Rahmen verlassen, den wir uns gegeben haben, müssen wir uns darauf beschränken, beiläufig auf diese besondere Folge der »egalitären« Theorien als eines der Elemente jener Unordnung hinzuweisen, die heute allzu zahlreich sind, als dass man überhaupt den Anspruch erheben kann, sie aufzuzählen, ohne eines zu übergehen.

Wenn wir es mit einer Idee wie der »Gleichheit« oder dem »Fortschritt« oder auch den anderen »laizistischen Dogmen« zu tun haben, die beinahe alle unsere Zeitgenossen blindlings akzeptieren und von denen die meisten erstmals eindeutig im Verlauf des achtzehnten Jahrhunderts formuliert wurden, können wir naturgemäß nicht gelten lassen, dass solche Vorstellungen spontan entstanden seien. Dies sind im Grunde wahre »Suggestionen« im strengsten Sinne des Wortes, die ihre Wirkung außerdem nur in einer schon auf ihre Rezeption vorbereiteten Umwelt erreichen konnten. Sie haben den das moderne Zeitalter kennzeichnenden Geisteszustand nicht vollkommen neu geschaffen, doch sie haben weitgehend dazu beigetragen, ihn aufrechtzuerhalten und bis zu einem Punkt weiterzuentwickeln, den er ohne sie gewiss nicht erreicht hätte. Sollten diese Suggestionen verschwinden, so stünde die allgemeine Mentalität unmittelbar vor einer Richtungsänderung. Deshalb werden sie von all denen äußerst sorgfältig aufrechterhalten, die ein gewisses Interesse daran haben, die Unordnung zu bewahren, wenn sie diese nicht sogar verschlimmern wollen, und dies geschieht auch deshalb, weil sie in einer Zeit, in der man alles der Diskussion unterwerfen möchte, die einzigen Dinge sind, über die man sich nie eine Diskussion erlaubt. Es ist übrigens schwierig, den Grad an Aufrichtigkeit derjenigen genau zu bestimmen, die sich zu Propagandisten derartiger Vorstellungen machen, und herauszufinden, wie weitgehend manche Menschen auf ihre eigenen Lügen hereinfallen und sich selber etwas suggerieren, indem sie es den anderen suggerieren. Bei einer derartigen Propaganda sind sogar die, die eine Rolle als Geprellte spielen, oft die besten Werkzeuge, weil sie eine Überzeugung einbringen, während es den anderen einigermaßen schwerfiele, sie vorzutäuschen, und dies ist äußerst ansteckend. Doch im Hintergrund von alledem und wenigstens am Anfang ist ein weitaus bewussteres Handeln notwendig, eine Führung, die nur Menschen ausüben können, denen es vollkommen vertraut ist, was sie von den Ideen halten sollen, die sie so in Umlauf setzen. Wir haben von »Ideen« gesprochen, doch dieses Wort eignet sich äußerst schlecht, um hier verwendet zu werden, denn es ist ja ganz offensichtlich, dass es sich keineswegs um reine Ideen handelt, nicht einmal um etwas, das nahe oder entfernt zum geistigen Bereich gehört. Es sind, wenn man so will, falsche Ideen; aber noch besser wäre es, sie »Scheinideen« zu nennen, die hauptsächlich dazu bestimmt sind, Gefühlsreaktionen hervorzurufen, was tatsächlich das wirksamste und leichteste Mittel ist, um die Massen zu beeinflussen. In dieser Hinsicht hat das Wort außerdem eine größere Bedeutung als die Vorstellung, die es verkörpern soll, und die meisten modernen »Idole« sind wahrhaftig nur Wörter, denn hier kommt es zu der eigenartigen Erscheinung, die unter dem Namen »Verbalismus« bekannt ist, wo der Klang der Wörter genügt, um die Illusion eines Gedankens zu vermitteln. Der Einfluss, den Redner auf die Massen ausüben, ist in dieser Hinsicht besonders bezeichnend, und man braucht ihn nicht allzu gründlich zu untersuchen, um festzustellen, dass es sich hier durchaus um ein Suggestionsverfahren handelt, das sich ganz und gar mit dem der Hypnotiseure vergleichen lässt.

Doch kommen wir, ohne ausführlicher auf diese Überlegungen einzugehen, auf die Folgen zurück, welche die Negation jeder wahren Rangordnung mit sich bringt, und halten wir fest, dass so, wie die Dinge heute liegen, es nicht nur eine Ausnahme und gleichsam zufällig ist, wenn jemand seine angestammte Aufgabe wahrnimmt, während doch der entgegengesetzte Fall normalerweise die Ausnahme sein müsste, sondern es auch noch vorkommt, dass derselbe Mensch dazu berufen ist, ganz unterschiedliche Aufgaben nacheinander wahrzunehmen, als könnte er seine

Fähigkeiten nach Belieben ändern. Dies mag in einem Zeitalter übertriebener »Spezialisierung« paradox scheinen, und dennoch ist es tatsächlich so, vor allem im politischen Bereich. Wenn sich die Kompetenz der »Spezialisten« oft als sehr illusorisch und in jedem Fall auf ein sehr kleines Gebiet beschränkt erweist, so ist der Glaube an diese Kompetenz dennoch eine Tatsache, und man kann sich fragen, wie es kommt, dass dieser Glaube keine Rolle mehr spielt, wenn es sich um die Karriere der Politiker handelt, bei der vollständigste Inkompetenz selten ein Hindernis ist. Wenn man allerdings darüber nachdenkt, erkennt man unschwer, dass es hier nichts gibt, worüber man sich wundern sollte, und dass dies im Grunde nur ein ganz natürliches Resultat der »demokratischen« Konzeption ist, der zufolge die Macht von unten kommt und sich im Wesentlichen auf die Mehrheit stützt, woraus sich der Ausschluss jeder wahren Kompetenz notwendig ergibt, weil Kompetenz stets eine wenigstens relative Überlegenheit ist und nur das Vorrecht einer Minderheit sein kann.

Hier sind einige Erklärungen nicht unnütz, um zum einen die Sophismen, die sich hinter der »demokratischen« Idee verbergen, und zum anderen die Bindungen zu verdeutlichen, die dieselbe Idee mit dem ganzen Komplex der modernen Mentalität verknüpfen. Aufgrund des von uns eingenommenen Standpunktes ist übrigens die Feststellung beinahe überflüssig, dass diese Bemerkungen unabhängig von allen Parteienproblemen und sämtlichen politischen Streitigkeiten formuliert werden, mit denen wir uns weder aus der Nähe noch aus der Ferne abgeben wollen. Wir betrachten diese Dinge auf ganz unparteiische Weise, wie wir es bei jedem beliebigen anderen Studienobjekt tun könnten. Dabei bemühen wir uns nur, so klar wie möglich zu erkennen, was alledem zugrunde liegt, zumal dies die notwendige und ausreichende Voraussetzung ist, damit alle Illusionen überwunden werden, die unsere Zeitgenossen bei diesem Thema hegen. Auch hier handelt es sich wahrhaftig um »Suggestion«, wie wir es vorhin bei etwas andersartigen, doch gleichwohl damit zusammenhängenden Ideen gesagt haben. Sobald man weiß, dass es sich nur um eine Suggestion handelt, und sobald man verstanden hat, wie sie wirkt, lässt sie sich nicht mehr verwenden. Gegen derartige Dinge ist eine etwas gründlichere Prüfung, die heute in dem besonderen, den deutschen Philosophen entlehnten Jargon als »rein objektiv« bezeichnet wird, weitaus wirksamer als alle sentimentalen Deklamationen und Parteipolemiken, die nichts beweisen und nur Ausdruck bloßer individueller Vorlieben sind.

Das maßgeblichste Argument gegen die »Demokratie« lässt sich mit wenigen Worten zusammenfassen: Das Höhere kann nicht vom Niedrigeren ausgehen, weil das »Mehr« nicht vom »Weniger« kommen kann. Dies ist von unumstößlicher mathematischer Gültigkeit, gegen die sich nichts anderes durchsetzen kann. Wichtig ist die Feststellung, dass sich ebendieses Argument, wenn man es auf einen anderen Bereich überträgt, ebenfalls gegen den »Materialismus« verwenden lässt. An dieser Übereinstimmung ist nichts Zufälliges, und beides ist viel enger miteinander verbunden, als es auf den ersten Blick scheinen könnte. Allzu offensichtlich ist, dass das Volk keine Macht verleihen kann, die es selbst nicht besitzt. Die wahre Macht kann nur von oben kommen, und darum kann sie, nebenbei gesagt, nur von der Sanktion durch etwas legitimiert werden, das höher ist als die Gesellschaftsordnung, das heißt durch eine spirituelle Autorität. Wenn sich dies anders verhält, handelt es sich nur noch um ein Zerrbild der Macht, einen Sachverhalt, der sich nicht rechtfertigen lässt, weil ihm ein Prinzip fehlt, und in dem es nur Unordnung und Verwirrung geben kann. Diese Umkehrung jeder Rangordnung beginnt, sobald sich die weltliche Macht von der spirituellen Autorität unabhängig machen und diese vor ihren Karren spannen will, in der Absicht, die spirituelle Autorität in den Dienst von politischen Zwecken zu stellen. Hier gibt es eine erste Usurpation, die den Weg für alle übrigen ebnet, und so könnte man zum Beispiel zeigen, dass das französische Königtum seit dem vierzehnten Jahrhundert selbst unbewusst darauf hingewirkt hat, jene Revolution vorzubereiten, von der es gestürzt werden sollte. Vielleicht haben wir eines Tages die Gelegenheit, auf diesen Gesichtspunkt so einzugehen, wie er es verdient, während wir vorläufig nur in ganz gedrängter Form auf ihn hinweisen können.

Wenn man »Demokratie« als Selbstregierung des Volkes definiert, so ist dies etwas wahrhaft Unmögliches, ein Sachverhalt, der in unserer Zeit ebenso wenig wie irgendwann sonst auch nur eine bloße faktische Existenz haben kann. Man darf sich nicht durch Worte täuschen lassen, und es bedeutet einen Widerspruch, wenn man anerkennt, dass dieselben Menschen zugleich Regierende und Regierte sein können, denn um die Ausdrucksweise des Aristoteles zu benutzen: Ein und dasselbe Wesen kann nicht gleichzeitig und in demselben Zusammenhang »in actu« (»in Wirklichkeit«) und »in potentia« (»in Möglichkeit«) sein. Hier gibt es eine Beziehung, die zwangsläufig zwei einander gegenüberstehende Glieder voraussetzt: Es könnte keine Regierten geben, sofern es nicht auch Regierende gäbe, selbst wenn sie unrechtmäßig und ohne ein anderes Recht auf die Macht als das wären, das sie sich selbst angemaßt haben. Das große Geschick der Führer in der modernen Welt besteht jedoch darin, dem Volk weiszumachen, dass es sich selbst regiere – und das Volk lässt sich umso bereitwilliger davon überzeugen, als es sich dadurch geschmeichelt fühlt und außerdem unfähig ist, gründlich genug nachzudenken, um zu erkennen, inwiefern dies unmöglich ist. Um diese Illusion zu schaffen, hat man das »allgemeine Wahlrecht« erfunden: Angeblich soll die Meinung der Mehrheit als Gesetzgeber wirken. Hierbei bemerkt man jedoch nicht, dass die Meinung etwas ist, das man sehr leicht lenken und verändern kann: Mit geeigneten Suggestionen kann man stets Tendenzen hervorrufen, die in diese oder jene Richtung gehen. Wir wissen nicht mehr, wer den Ausdruck »Meinungsmache« geprägt hat, aber er trifft voll und ganz zu, obwohl man allerdings sagen muss, dass es nicht immer die klar erkennbaren Führer sind, die tatsächlich die notwendigen Mittel zur Verfügung haben, um dieses Ergebnis zu erreichen. Mit dieser Bemerkung ist gewiss der Grund angegeben, warum die Inkompetenz der »prominentesten« Politiker anscheinend nur eine sehr relative Bedeutung hat. Da es hier jedoch nicht darum geht, das Räderwerk dessen auseinanderzunehmen, was man die »Regierungsmaschine« nennen könnte, beschränken wir uns auf den Hinweis, dass gerade diese Inkompetenz den Vorteil bietet, die soeben von uns erwähnte Illusion aufrechtzuerhalten: Nur unter diesen Bedingungen können die betreffenden Politiker tatsächlich als Emanation der Mehrheit erscheinen, weil sie so als deren Ebenbild wirken, denn die Mehrheit besteht immer aus den Inkompetenten, ganz gleich, zu welchem Thema sie ihre Meinung abgeben soll, und die Zahl der Inkompetenten ist unvergleichlich größer als die derjenigen, die sich in vollkommener Sachkenntnis äußern können.

Dies führt uns unmittelbar dahin zu erläutern, worin die Vorstellung, die Mehrheit müsse als Gesetzgeber wirken, grundsätzlich falsch ist, denn auch wenn diese Vorstellung zwangsläufig vor allem theoretisch bleibt und keiner wirksamen Realität entsprechen kann, muss gleichwohl immer noch erklärt werden, wie sie sich im modernen Geist durchsetzen konnte, welchen Neigungen dieses Geistes sie entgegenkommt und welche sie wenigstens scheinbar zufriedenstellt. Der offensichtlichste Fehler ist gerade derjenige, auf den wir soeben hingewiesen haben: Die Meinung der Mehrheit kann nur Ausdruck der Inkompetenz sein, ob diese nun aus mangelndem Verständnis oder schlicht und einfach aus Unwissen resultiert. Man könnte sich in diesem Zusammenhang bestimmter Feststellungen der »Kollektivpsychologie« bedienen und insbesondere an die gut bekannte Tatsache erinnern, dass in einer Menge die Gesamtheit der geistigen Reaktionen, die sich zwischen den beteiligten Individuen vollziehen, zur Herausbildung einer bestimmten Resultante führt, die sich nicht einmal auf dem durchschnittlichen Niveau, sondern auf dem der niedrigsten Elemente befindet. Zudem könnte man zu Recht darauf hinweisen, dass manche moderne Philosophen die »demokratische« Theorie, die der Mehrheitsmeinung den Vorrang zuerkennt, in den geistigen Bereich verlegen wollten, indem sie aus dem, was sie die »Übereinstimmung aller« nennen, ein angebliches »Wahrheitskriterium« machten: Selbst wenn man annähme, dass es tatsächlich eine Frage gibt, bei der sich alle Menschen einig sind, würde diese Einigkeit an sich nichts beweisen; doch selbst wenn diese Einmütigkeit wirklich existierte, was umso zweifelhafter ist, weil es immer viele gibt, die keinerlei Meinung zu irgendeiner Frage vertreten und sie sich überhaupt nie gestellt haben, so wäre es auf jeden Fall unmöglich, sie als Tatsache festzustellen, und das, was man zugunsten einer Meinung und als Zeichen für ihre Wahrheit anführt, beschränkt sich somit darauf, nur die Zustimmung der größten Zahl zu sein, und dies auch noch, indem man sich mit einem Kreis begnügt, der in Raum und Zeit zwangsläufig sehr begrenzt ist. Auf diesem Gebiet zeigt sich noch klarer, dass es der Theorie an einer Grundlage fehlt, weil es hier leichter ist, sich dem Einfluss des Gefühls zu entziehen, das hingegen beinahe unvermeidlich ins Spiel kommt, wenn es um den politischen Bereich geht; und gerade dieser Einfluss ist eines der Haupthindernisse für das Verständnis mancher Dinge, selbst für diejenigen, die sonst bei Weitem ausreichende geistige Fähigkeiten haben dürften, um dieses Verständnis mühelos zu erreichen. Die affektiven Impulse verhindern die Überlegung, und einer der vulgärsten Winkelzüge der Politik besteht darin, diese Unvereinbarkeit auszunutzen.

Doch beschäftigen wir uns gründlicher mit der Frage: Was genau ist dieses Gesetz der größten Zahl, das die modernen Regierungen anführen und dem sie ihre einzige Rechtfertigung entnehmen wollen? Dies ist ganz einfach das Gesetz der Materie und der brutalen Kraft, gerade jenes Gesetz, wodurch eine von ihrem Gewicht mitgerissene Masse alles zermalmt, was auf ihrem Weg liegt. Gerade dort befindet sich die Verbindungsstelle zwischen der »demokratischen« Konzeption und dem »Materialismus«, und dies bewirkt auch, dass dieselbe Konzeption so eng mit der heutigen Mentalität verbunden ist. Es handelt sich um die vollständige Umkehrung der normalen Ordnung, um die Ausrufung eines Vorrangs der Vielheit als solcher, eines Vorrangs, der tatsächlich nur in der materiellen Welt existiert.[24] Im Gegensatz dazu steht in der spirituellen Welt – und noch einfacher in der Weltordnung – die Einheit an der Spitze der Rangordnung, denn sie ist das Prinzip, aus dem jede Vielheit hervorgeht.[25] Doch wenn das Prinzip verneint oder aus den Augen verloren wird, bleibt nur noch die reine Vielheit übrig, die sich mit der Materie selbst identifiziert. Andererseits impliziert der Hinweis, den wir soeben auf die Schwerkraft gegeben haben, mehr als einen bloßen Vergleich, denn die Schwerkraft verkörpert tatsächlich im Bereich der physikalischen Kräfte im gewöhnlichsten Sinne des Wortes die absteigende und komprimierende Tendenz, die für das Sein eine immer engere Beschränkung mit sich bringt und gleichzeitig im Sinne der hier durch eine immer größere Dichte[26] verkörperten Vielheit wirkt. Und gerade diese Tendenz bezeichnet die Richtung, in der sich die menschliche Tätigkeit seit dem Beginn des modernen Zeitalters entwickelt hat. Außerdem kann man mit gutem Grund feststellen, dass die Materie durch ihr Teilungs- und zugleich Begrenzungsvermögen das ist, was die scholastische Lehre als »Individuationsprinzip« bezeichnet, und dies verbindet die Überlegungen, die wir nun vortragen, mit dem, was wir zuvor über den Individualismus gesagt haben: Dieselbe Tendenz, von der zuvor die Rede war, ist auch, so könnte man sagen, die »individualisierende« Tendenz, diejenige, der zufolge sich vollzieht, was die jüdisch-christliche Tradition als den »Sündenfall« der Wesen, die sich von der ursprünglichen Einheit getrennt haben, bezeichnet.[27] Die außerhalb ihres Prinzips betrachtete Vielheit, die somit nicht mehr auf die Einheit zurückgeführt werden kann, ist im gesellschaftlichen Bereich das Kollektiv, das lediglich als die arithmetische Summe der Individuen, aus denen es besteht, aufgefasst wird und tatsächlich nur das ist, sobald es mit keinem den Individuen überlegenen Prinzip verbunden ist; und das Gesetz des Kollektivs ist in dieser Hinsicht durchaus das Gesetz der größten Zahl, auf dem die »demokratische« Vorstellung beruht.

Hier müssen wir einen Augenblick innehalten, um eine mögliche Unklarheit zu beseitigen: Als wir vom modernen Individualismus sprachen, haben wir beinahe ausschließlich seine Manifestationen im geistigen Bereich berücksichtigt; man könnte glauben, dass der Fall ganz anders liege, wenn es sich um den gesellschaftlichen Bereich handelt. Wenn man das Wort »Individualismus« in seinem engsten Sinne auffasste, könnte man tatsächlich versucht sein, das Kollektiv dem Individuum entgegenzusetzen und zu denken, dass solche Sachverhalte wie die immer übermächtigere Rolle des Staates und die zunehmende Komplexität der gesellschaftlichen Institutionen das Kennzeichen einer dem Individualismus widersprechenden Tendenz seien. In Wirklichkeit ist dies nicht der Fall, denn da das Kollektiv nichts anderes als die Summe der Individuen ist, kann es diesen nicht entgegengesetzt sein, übrigens genauso wenig wie der auf moderne Art konzipierte Staat selbst, das heißt als einfache Vertretung der Masse, in der sich kein höheres Prinzip widerspiegelt. Nun besteht aber gerade der Individualismus, wie wir ihn definiert haben, wahrhaftig in der Negation jedes überindividuellen Prinzips. Wenn es im gesellschaftlichen Bereich also Konflikte zwischen verschiedenen Tendenzen gibt, die alle gleichermaßen zum modernen Geist gehören, so bestehen diese Konflikte nicht zwischen dem Individualismus und etwas anderem, sondern lediglich zwischen den vielfältigen Spielarten, zu denen sich der Individualismus selbst entwickeln kann, und weil jedes Prinzip fehlt, das die Vielheit wirklich vereinen könnte, lässt sich unschwer vorstellen, dass solche Konflikte in unserem Zeitalter zahlreicher und schwerwiegender sein müssen, als sie es jemals waren, denn wer von Individualismus spricht, meint zwangsläufig Aufspaltung; und diese Aufspaltung ist zusammen mit dem chaotischen Zustand, den sie hervorbringt, die verhängnisvolle Folge einer ganz materiellen Kultur, ist doch die Materie selbst im Grunde die Wurzel der Aufspaltung und der Vielheit.

Abgesehen davon müssen wir auch noch eine unmittelbare Folge der »demokratischen« Idee betonen, und das ist die Negation der in ihrem einzigen rechtmäßigen Sinn verstandenen Elite. Nicht grundlos wird »Demokratie« der »Aristokratie« entgegengesetzt, wobei dieser letztgenannte Begriff gerade die Macht der Elite bezeichnet, wenigstens, wenn man ihn in seinem etymologischen Sinn auffasst. Diese Elite kann gewissermaßen definitionsgemäß nur die kleine Zahl sein, und ihre Macht oder vielmehr ihre Autorität, die sich nur aus ihrer geistigen Überlegenheit herleitet, hat nichts mit der zahlenmäßigen Stärke gemein, auf der die »Demokratie« beruht, denn ihr Wesensmerkmal ist, dass sie die Minderheit der Mehrheit opfert, und auch gerade dadurch, wie wir weiter oben gesagt haben, die Qualität der Quantität, also die Elite der Masse. So sind die leitende Rolle einer wahren Elite und ihre Existenz selbst – denn sie spielt zwangsläufig diese Rolle, sobald sie existiert – radikal unvereinbar mit der »Demokratie«, die mit der »egalitären« Konzeption, das heißt mit der Negation jeder Rangordnung, eng verbunden ist: Die Grundlage der »demokratischen« Idee besteht darin, dass ein beliebiges Individuum so viel wie ein anderes wert ist, weil sie zahlenmäßig gleich sind – und obwohl sie es immer nur zahlenmäßig sein können. Eine wahre Elite kann, wie wir bereits gesagt haben, nur geistig sein. Darum lässt sich die »Demokratie« nur dort einführen, wo reine Geistigkeit nicht mehr existiert, was in der modernen Welt tatsächlich der Fall ist. Allerdings, da Gleichheit faktisch unmöglich ist und man jeden Unterschied zwischen den Menschen trotz aller Bemühungen um Gleichmacherei praktisch nicht beseitigen kann, kommt man durch einen sonderbaren Mangel an Logik dazu, falsche und außerdem vielgestaltige Eliten zu erfinden, die sich an die Stelle der einzigen wirklichen Elite setzen wollen. Diese falschen Eliten beruhen auf der Berücksichtigung irgendwelcher äußerst relativer und kontingenter Überlegenheiten, die stets zum rein materiellen Bereich gehören. Dies lässt sich leicht feststellen, wenn man zur Kenntnis nimmt, dass der gesellschaftliche Unterschied, der unter den gegenwärtigen Verhältnissen am meisten zählt, derjenige ist, der auf dem Vermögen, das heißt auf einer ganz äußerlichen und ausschließlich zum quantitativen Bereich gehörenden Überlegenheit, beruht, im Grunde der einzige, der sich mit der »Demokratie« vereinbaren lässt, weil sie von demselben Standpunkt ausgeht. Wir wollen noch hinzufügen, dass gerade jene, die gegenwärtig als Gegner dieses Sachverhalts auftreten und auch kein Prinzip höherer Ordnung verwenden, unfähig sind, eine derartige Unordnung wirksam zu überwinden, wenn sie nicht sogar die Gefahr heraufbeschwören, die Unordnung noch mehr zu verschlimmern, indem sie immer weiter in dieselbe Richtung gehen. Der Kampf wird lediglich zwischen einzelnen Spielarten der »Demokratie« geführt, wobei die »egalitäre« Tendenz mehr oder weniger betont wird, wie der Kampf auch, worauf wir bereits hingewiesen haben, zwischen einzelnen Spielarten des Individualismus geführt wird, was im Übrigen genau aufs Gleiche hinausläuft.

Wir halten diese wenigen Überlegungen für ausreichend, um den gesellschaftlichen Zustand der gegenwärtigen Welt zu kennzeichnen und um gleichzeitig zu veranschaulichen, dass es in diesem Bereich ebenso wie in allen anderen nur ein einziges Mittel geben kann, aus dem Chaos herauszukommen: die Wiederherstellung der Geistigkeit und folglich die Neubildung einer Elite, die man gegenwärtig im Westen als nicht vorhanden einschätzen muss, denn man kann diesen Namen nicht einigen isolierten und unzusammenhängenden Elementen geben, die gewissermaßen lediglich unausgestaltete Möglichkeiten verkörpern. Diese Elemente vertreten tatsächlich im Allgemeinen nur Tendenzen oder Bestrebungen, die sie gewiss veranlassen, gegen den modernen Geist zu reagieren, ohne dass sich ihr Einfluss jedoch wirksam durchsetzen kann. Was ihnen fehlt, ist wahre Erkenntnis. Die traditionellen Gegebenheiten kann man nicht improvisieren, und ein sich selbst überlassener Verstand, vor allem unter solchen in jeder Hinsicht ungünstigen Umständen, kann sie nur sehr unvollkommen und in sehr schwachem Ausmaß ersetzen. Es gibt also lediglich verstreute Bemühungen, die oft in die Irre gehen, weil es an Prinzipien und der Anleitung durch eine Lehre fehlt: Man könnte sagen, dass sich die moderne Welt durch ihre eigene Zersplitterung verteidigt, der sich sogar ihre Gegner nicht entziehen können. Dabei wird es so lange bleiben, wie sich diese auf dem »profanen« Gebiet bewegen, wo der moderne Geist einen offensichtlichen Vorteil hat, denn dies ist sein eigenes und ausschließliches Gebiet; und wenn sie sich dort bewegen, liegt dies im Übrigen daran, dass dieser Geist immer noch und trotz allem einen sehr starken Einfluss auf sie ausübt. Darum können so viele Leute, die gleichwohl von unbestreitbar gutem Willen beseelt sind, nicht verstehen, dass man zwangsläufig mit den Prinzipien beginnen muss, und sie vergeuden hartnäckig ihre Kräfte in diesem oder jenem relativen – gesellschaftlichen oder anderen – Bereich, in dem nichts Wirkliches oder Dauerhaftes unter solchen Bedingungen geleistet werden kann. Die wahre Elite hingegen dürfte erst gar nicht in derartige Bereiche direkt eingreifen und sich auch nicht an äußeren Handlungen beteiligen. Sie würde alles durch einen Einfluss lenken, den der große Haufen nicht wahrnehmen könnte und der umso tiefer wirken würde, je weniger offensichtlich er wäre. Wenn man an die Macht der Suggestionen denkt, von denen wir zuvor gesprochen haben und die gleichwohl keine wahre Geistigkeit voraussetzen, kann man ahnen, was mit umso mehr Grund die Macht eines solchen Einflusses sein würde, der wegen seines besonderen Wesens auf noch verborgenere Weise wirken würde, indem er aus der reinen Geistigkeit schöpfte. Diese Macht würde außerdem durch die der Vielheit innewohnende Aufspaltung und durch die Schwäche, die alles zeigt, was Lüge oder Illusion ist, nicht vermindert, sondern im Gegenteil durch die Konzentration in der prinzipiellen Einheit intensiviert und würde sich mit der Macht der Wahrheit selbst identifizieren.

SIEBENTES KAPITEL

Eine materielle Kultur

Aus allem Vorhergehenden scheint sich für uns bereits klar zu ergeben, dass die Vertreter des Ostens vollständig recht haben, wenn sie der modernen westlichen Kultur vorwerfen, lediglich eine ganz materielle Zivilisation und Kultur zu sein: Tatsächlich hat sie sich ausschließlich in dieser Richtung entwickelt, und ganz gleich, von welchem Standpunkt man sie betrachtet, bekommt man es stets mit den mehr oder weniger direkten Folgen einer derartigen Materialisierung zu tun. Was wir in dieser Hinsicht ausgeführt haben, ist jedoch noch zu ergänzen, und zuallererst müssen wir uns zu den verschiedenen Bedeutungen äußern, unter denen ein Wort wie »Materialismus« aufgefasst werden kann: Wenn wir es nämlich verwenden, um die gegenwärtige Welt zu kennzeichnen, werden manche, die sich keineswegs für »Materialisten« halten, obwohl sie beanspruchen, sehr »modern« zu sein, unfehlbar protestieren und sich einbilden, dies sei eine wirkliche Verleumdung. Also macht sich eine Klarstellung erforderlich, um von vornherein alle Mehrdeutigkeiten auszuschließen, die bei diesem Thema auftreten könnten.

Recht bedeutsam ist, dass das Wort »Materialismus« selbst erst aus dem achtzehnten Jahrhundert stammt. Erfunden hat es der Philosoph Berkeley, der es verwendete, um jede Theorie zu bezeichnen, welche die reale Existenz der Materie anerkennt. Man braucht kaum eigens zu sagen, dass es sich hier, wo diese Existenz keineswegs infrage gestellt wird, nicht darum handelt. Etwas später bekam dasselbe Wort eine engere Bedeutung, die es seitdem behalten hat: Es kennzeichnete nun eine Konzeption, der zufolge es nichts anderes als die Materie und das aus ihr Hervorgehende gibt; und man kann mit gutem Grund feststellen, dass eine solche Konzeption neu und im Wesentlichen ein Produkt des modernen Geistes ist – dass sie also wenigstens einem Teil der Tendenzen entspricht, die für diesen Geist eigentümlich sind.[28] Doch wir wollen hier vor allem in einem anderen – weitaus umfangreicheren und dennoch sehr eindeutigen – Sinne von »Materialismus« sprechen: Dann verkörpert dieses Wort einen ganzen Geisteszustand, von dem die soeben von uns definierte Auffassung nur als eine Manifestation unter vielen anderen erscheint und der an sich von jeder philosophischen Theorie unabhängig ist. Dieser Geisteszustand besteht darin, den Dingen des materiellen Bereichs und den damit in Zusammenhang stehenden Bestrebungen mehr oder weniger bewusst den Vorrang einzuräumen, ganz gleich, ob diese Bestrebungen noch eine gewisse spekulative Erscheinung bewahren oder rein praktisch sind – und man kann nicht ernsthaft bestreiten, dass dies tatsächlich die Mentalität der großen Mehrheit unserer Zeitgenossen ist.

Die ganze »profane« Wissenschaft, die sich während der letzten Jahrhunderte entwickelt hat, ist nichts weiter als die Untersuchung der sinnlich wahrnehmbaren Welt. Ausschließlich darin ist sie eingeschlossen, und ihre Methoden sind nur auf diesen einen Bereich anwendbar. Diese Methoden werden nun als »wissenschaftlich« erklärt, während man jede andere ausschließt, was der Leugnung jeder Wissenschaft gleichkommt, die sich nicht mit materiellen

Dingen beschäftigt. Unter denen, die so denken, und sogar unter denen, die sich besonders den betreffenden Wissenschaften gewidmet haben, gibt es gleichwohl viele, die es ablehnen würden, sich zu »Materialisten« zu erklären und sich der diesen Namen tragenden philosophischen Theorie anzuschließen. Es gibt sogar einige, die gern ein religiöses Glaubensbekenntnis ablegen, dessen Aufrichtigkeit nicht zweifelhaft ist – aber ihre »wissenschaftliche« Haltung unterscheidet sich nicht spürbar von der eindeutiger Materialisten. In Bezug auf die Religion hat man oft über die Frage diskutiert, ob die moderne Wissenschaft als atheistisch oder als materialistisch angeprangert werden sollte, und meistens hat man diese Frage sehr schlecht gestellt. Es ist durchaus sicher, dass sich diese Wissenschaft nicht ausdrücklich zum Atheismus oder Materialismus bekennt und dass sie sich darauf beschränkt, manche Dinge auf voreingenommene Weise zu ignorieren, ohne sich mit einer klaren Ablehnung zu ihnen zu äußern, wie es diese oder jene Philosophen tun. In diesem Zusammenhang kann man also nur von einem De-facto-Materialismus sprechen, den wir gern einen praktischen Materialismus nennen möchten. Doch das Übel ist deshalb vielleicht nur noch schwerwiegender, weil es tiefer und weitreichender ist. Eine philosophische Haltung kann etwas sehr Oberflächliches sein, selbst bei den »professionellen« Philosophen. Außerdem gibt es Geister, die vor der Negation zurückscheuen würden, sich jedoch mit vollständiger Gleichgültigkeit abfinden – und gerade diese ist am furchtbarsten, denn um etwas zu negieren, muss man immer noch daran denken, so wenig dies auch sein mag, während man im letztgenannten Fall dazu kommt, überhaupt nicht mehr daran zu denken. Wenn man sieht, dass sich eine ausschließlich materielle Wissenschaft als die einzig mögliche Wissenschaft darstellt, wenn die Menschen daran gewöhnt sind, als unbestreitbare Wahrheit anzuerkennen, dass es keine gültige Erkenntnis außerhalb von ihr geben könne, und wenn die ganze Erziehung, die man ihnen gibt, ihnen die abergläubische Verehrung dieser Wissenschaft einschärfen soll, was eigentlich der »Szientismus« ist – wie könnten diese Menschen dann nicht praktisch Materialisten sein, das heißt, nicht alle ihre Bestrebungen auf die Materie ausrichten?

Nach Ansicht der Modernen scheint nichts außerhalb dessen zu existieren, was man sehen und berühren kann, oder wenigstens, selbst wenn sie theoretisch anerkennen, dass etwas anderes existieren könne, erklären sie es eilig nicht nur als unbekannt, sondern auch als »unerkennbar«, was sie davon befreit, sich damit zu beschäftigen. Wenn es trotzdem einige gibt, die sich bemühen, sich irgendeine Vorstellung von einer »anderen Welt« zu machen, so stellen sie sich diese nach dem Modell der irdischen Welt vor, weil sie sich dabei nur ihrer Einbildungskraft bedienen, und sie versetzen dorthin alle für die irdische Welt eigentümlichen Existenzbedingungen, einschließlich von Raum und Zeit, ja selbst so etwas wie eine »Körperlichkeit«. An anderer Stelle haben wir besonders auffällige Beispiele derartiger grob materialisierter Konzeptionen bei den spiritistischen Vorstellungen gezeigt; auch wenn dies ein Extremfall ist, bei dem ein solches Wesen bis zur Karikatur übertrieben wird, wäre es ein Irrtum, wenn man glaubte, dass der Spiritismus und die mehr oder weniger eng mit ihm verwandten Sekten bei solchen Angelegenheiten ein Monopol besäßen. Allgemeiner gesagt ist übrigens das Eingreifen der Einbildungskraft in jene Bereiche, in denen sie nichts zu bewirken vermag und die ihr normalerweise verboten sein müssten, eine Tatsache, die sehr deutlich die Unfähigkeit der modernen Westler zeigt, sich über das sinnlich Wahrnehmbare zu erheben. Viele können keinen Unterschied zwischen »begreifen« und »vorstellen« machen, und manche Philosophen, wie etwa Kant, gehen so weit, dass sie alles für »unbegreiflich« oder »undenkbar« halten, was nicht vorstellbar ist. Daher ist alles, was man »Spiritualismus« oder »Idealismus« nennt, meistens nur so etwas wie ein übertragener Materialismus. Dies gilt nicht nur für das, was wir mit dem Namen »Neospiritualismus« bezeichnet haben, sondern auch für den philosophischen Spiritualismus selbst, der sich gleichwohl als Gegenteil des Materialismus ansieht. Im Grunde lassen sich Spiritualismus und Materialismus, wenn man sie im philosophischen Sinne begreift, nicht ohne einander verstehen: Sie sind lediglich die beiden Hälften des kartesischen Dualismus, deren radikale Trennung in eine Art von Antagonismus verwandelt wurde – und seitdem schwankt die ganze Philosophie zwischen diesen zwei Begriffen, ohne über sie hinauskommen zu können. Der Spiritualismus hat trotz seines Namens nichts mit Spiritualität gemeinsam. Seine Auseinandersetzung mit dem Materialismus kann jene nur vollständig gleichgültig lassen, die sich auf einen höheren Standpunkt stellen und erkennen, dass diese Gegensätze im Grunde beinahe vollständig bloße Äquivalente sind, deren angeblicher Widerspruch sich in vielen Punkten auf einen einfachen Wortstreit beschränkt.

Die Modernen begreifen im Allgemeinen keine andere Wissenschaft als die der Dinge, die sich messen, zählen und wiegen lassen, das heißt im Grunde auch: der materiellen Dinge. Denn allein auf sie kann man den quantitativen Gesichtspunkt anwenden; und die Absicht, die Qualität auf die Quantität zu reduzieren, ist sehr bezeichnend für die moderne Wissenschaft. In diesem Sinne ist man so weit gegangen, dass man glaubt, dort, wo sich kein Maß einführen lässt, gebe es keine eigentliche Wissenschaft, und an wissenschaftlichen Gesetzen gebe es nur solche, die quantitative Beziehungen ausdrücken. Descartes' »Mechanismus« hat den Beginn dieser Tendenz gekennzeichnet, die sich seitdem immer weiter verstärkt, und das trotz des Misserfolgs der kartesischen Physik, denn sie ist nicht mit einer bestimmten Theorie, sondern mit einer allgemeinen Konzeption der wissenschaftlichen Erkenntnis verbunden. Heute will man das Maß selbst im psychologischen Bereich anwenden, der ihm dennoch durch sein eigenes Wesen entgeht. Schließlich versteht man gar nicht mehr, dass die Möglichkeit des Maßes nur auf einer der Materie inhärenten Eigenschaft beruht, nämlich ihrer unendlichen Teilbarkeit, sofern man nicht annimmt, dass sich diese Eigenschaft auf alles Existierende erstrecke, was so viel bedeutet, wie alle Dinge zu materialisieren. Die Materie ist, wie wir schon gesagt haben, Prinzip der Teilung und der reinen Vielheit. Die dem Gesichtspunkt der Quantität zugeschriebene Vorherrschaft – die sich, wie wir zuvor gezeigt haben, selbst im gesellschaftlichen Bereich wiederfindet – ist also sehr wohl Materialismus in dem weiter oben von uns angegebenen Sinne, obwohl sie sich nicht zwangsläufig mit dem philosophischen Materialismus verbindet, dem sie im Übrigen bei der Entwicklung der Tendenzen des modernen Geistes vorausgegangen ist. Wir werden nicht weiter betonen, was unrechtmäßig daran ist, wenn man die Qualität auf die Quantität zurückführen will, und ebenso wenig, was alle mehr oder weniger zum »mechanistischen« Typ gehörenden Erklärungsversuche an Unzulänglichem haben. Das ist nicht unsere Absicht, und wir werden in diesem Zusammenhang lediglich feststellen, dass eine derartige Wissenschaft selbst im sinnlich wahrnehmbaren Bereich nur einen sehr geringen Bezug zur Realität hat, deren bedeutsamster Teil ihr zwangsläufig entgeht.

Im Zusammenhang mit »Realität« fühlen wir uns veranlasst, eine andere Tatsache zu erwähnen, die von vielen unbemerkt zu bleiben droht, jedoch als Zeichen für den von uns erwähnten Geisteszustand große Beachtung verdient: dass nämlich dieser Name im Alltagsgebrauch ausschließlich der sinnlich wahrnehmbaren Realität vorbehalten ist. Die Sprache drückt ja die Mentalität eines Volks und eines Zeitalters aus, und deshalb muss man schließen, dass für die, die sich so äußern, alles nicht sinnlich Erfassbare »irreal«, das heißt illusorisch oder sogar vollkommen inexistent ist. Möglicherweise ist es ihnen nicht klar bewusst, doch deshalb hegen sie diese negative Überzeugung nicht weniger in ihrem tiefsten Innern, und wenn sie das Gegenteil behaupten, kann man sicher sein, obwohl sie sich darüber nicht im Klaren sind, dass diese Behauptung bei ihnen nur etwas ganz Äußerlicherem entspricht, auch wenn sie nicht rein verbal ist. Wenn man annehmen möchte, dass wir übertreiben, muss man sich beispielsweise nur darum bemühen zu erkennen, worauf sich die angeblichen religiösen Überzeugungen vieler Leute beschränken: auf ein paar ganz schulmäßig und mechanisch auswendig gelernte Grundkenntnisse, die sie sich keineswegs zu eigen gemacht und über die sie sogar niemals im Geringsten nachgedacht haben, die sie aber im Gedächtnis behalten und manchmal nachsprechen, weil sie Teil eines gewissen Formalismus, einer konventionellen Haltung sind, die alles ist, was sie unter dem Namen »Religion« verstehen können. Weiter oben haben wir bereits von dieser »Minimierung« der Religion gesprochen, und der betreffende »Verbalismus« stellt eine ihrer äußersten Entwicklungsstufen dar. Sie erklärt, dass sogenannte »Gläubige« in Bezug auf den praktischen Materialismus den »Ungläubigen« in nichts nachstehen. Wir kommen noch einmal auf dieses Thema zu sprechen, doch zuvor müssen wir die Überlegungen zum materialistischen Wesen der modernen Wissenschaft abschließen, denn diese Frage verlangt, dass man sie unter verschiedenen Gesichtspunkten untersucht.

Wir müssen nochmals daran erinnern, obwohl wir schon oft darauf hingewiesen haben, dass die modernen Wissenschaften keinen interesselosen Erkenntnischarakter haben und dass selbst für die, die an ihren spekulativen Wert glauben, dieser kaum mehr als eine Maske ist, hinter der sich ganz praktische Bestrebungen verbergen, die es jedoch erlaubt, die Illusion einer falschen Geistigkeit aufrechtzuerhalten. Als Descartes seine Physik erarbeitete, beabsichtigte er selber vor allem, daraus eine Mechanik, eine Medizin und eine Moral zu gewinnen. Mit der Verbreitung des angelsächsischen Empirismus wurde dies noch etwas ganz anderes. Was im Übrigen in den Augen der Allgemeinheit das Ansehen der Wissenschaft ausmacht, sind beinahe ausschließlich die praktischen Resultate, die sie ermöglicht, denn auch dabei handelt es sich um Dinge, die sich sehen und anfassen lassen. Wir hatten gesagt, dass der »Pragmatismus« den Endpunkt der ganzen modernen Philosophie und den letzten Grad ihrer Erniedrigung darstellt – doch es gibt auch, und seit noch längerer Zeit, außerhalb der Philosophie einen diffusen und nicht systematisierten »Pragmatismus«, der sich zum philosophischen so wie der praktische Materialismus zum theoretischen Materialismus verhält und mit dem übereinstimmt, was der große Haufen den »gesunden Menschenverstand« nennt. Dieser beinahe instinktive Utilitarismus lässt sich übrigens nicht von der materialistischen Tendenz trennen: Der »gesunde Menschenverstand« besteht darin, nicht über den irdischen Horizont hinauszugehen sowie alles unberücksichtigt zu lassen, was kein unmittelbares praktisches Interesse hat. Vor allem für ihn ist allein die sinnlich wahrnehmbare Welt »real«, und es gibt für ihn keine Erkenntnis, die nicht von den Sinnen kommt. Für ihn gilt diese eingeschränkte Erkenntnis auch nur in dem Maße, in dem sie es erlaubt, materielle Bedürfnisse und zuweilen einen gewissen Sentimentalismus zu befriedigen, denn man muss klar sagen, selbst wenn man sich damit der Gefahr aussetzt, den »Moralismus« unserer Zeit zu schockieren, dass das Gefühl in Wirklichkeit der Materie ganz nahesteht. Bei alledem bleibt kein Platz für den Verstand, außer wenn er sich damit abfindet, sich für die Verwirklichung praktischer Zwecke zu versklaven und nur noch ein einfaches Instrument zu sein, das den Ansprüchen des niedrigen und körperlichen Teils des menschlichen Individuums unterworfen ist, oder, einer eigentümlichen Formulierung Bergsons zufolge, nur noch als »ein Werkzeug, um andere Werkzeuge herzustellen«, zu dienen. Was den »Pragmatismus« in allen seinen Formen ausmacht, ist die vollständige Gleichgültigkeit gegenüber der Wahrheit.

Unter diesen Bedingungen ist die Industrie nicht mehr lediglich eine Anwendung der Wissenschaft – eine Anwendung, von der diese an sich vollständig unabhängig sein müsste –; sie wird gleichsam deren Daseinsgrund und Rechtfertigung, sodass sich auch hier die normalen Verhältnisse umgekehrt haben. Das, worauf die moderne Welt all ihre Kräfte verwendet hat, selbst wenn sie behauptete, Wissenschaft auf ihre Art zu praktizieren, ist in Wirklichkeit nichts anderes als die Entwicklung der Industrie und des »Maschinenwesens«. Während die Menschen so die Materie beherrschen und für ihren Gebrauch nutzen wollen, haben sie nur erreicht, sich zu deren Sklaven zu machen, wie wir am Anfang gesagt hatten: Sie haben nicht nur ihre geistigen Bestrebungen – wenn es überhaupt noch erlaubt ist, sich in einem solchen Fall dieses Wortes zu bedienen – darauf beschränkt, Maschinen zu erfinden und zu bauen, sondern sie sind schließlich auch selber wahrhaftig Maschinen geworden. Tatsächlich wurde die »Spezialisierung«, die von manchen Soziologen unter dem Namen »Arbeitsteilung« so hoch gelobt wird, nicht nur den Wissenschaftlern, sondern auch den Technikern und sogar den Arbeitern aufgezwungen, und für die Letztgenannten wird hierdurch jede intelligente Arbeit unmöglich gemacht. Damit unterscheiden sie sich grundsätzlich von den früheren Handwerkern: Sie sind nur noch Diener der Maschinen, sie bilden sozusagen ein Ganzes mit ihnen. Sie müssen unablässig auf ganz mechanische Weise bestimmte immergleiche und immer auf die gleiche Weise ausgeführte Bewegungen wiederholen, um den geringsten Zeitverlust zu vermeiden. So wollen es wenigstens die amerikanischen Methoden, die man als Ausdruck des höchsten Grades an »Fortschritt« ansieht. Tatsächlich geht es ausschließlich darum, so viel wie möglich zu produzieren. Um Qualität kümmert man sich wenig, allein die Quantität bedeutet etwas. Wir kommen wieder einmal auf dieselbe Feststellung zurück, die wir schon in anderen Bereichen getroffen haben: Die moderne Zivilisation ist wirklich, was man eine quantitative Kultur nennen darf, womit man mit anderen Worten nur sagt, dass sie eine materielle Kultur ist.

Wenn man sich von dieser Wahrheit noch stärker überzeugen will, braucht man nur zu beobachten, welch unermesslich große Rolle die Faktoren des wirtschaftlichen Bereichs im Dasein der Völker wie in dem der Einzelnen heute spielen: Industrie, Handel, Finanzen. Offenbar zählt nur dies. Das stimmt mit der bereits angeführten Tatsache überein, dass die einzige gesellschaftliche Unterscheidung, die sich erhalten hat, diejenige ist, die auf dem materiellen

Reichtum beruht. Es hat den Anschein, als beherrsche die Finanzmacht jede Politik, als übe die Handelskonkurrenz einen ausschlaggebenden Einfluss auf die Beziehungen zwischen den Völkern aus. Vielleicht ist dies nur ein äußerer Eindruck, und die genannten Faktoren sind hier weniger wirkliche Ursachen, sondern nur einfache Handlungsmittel. Doch die Wahl solcher Mittel lässt deutlich das Wesen des Zeitalters erkennen, zu dem sie passen. Außerdem sind unsere Zeitgenossen überzeugt, dass die wirtschaftlichen Umstände weitgehend die einzigen Faktoren der geschichtlichen Ereignisse sind, und sie stellen sich sogar vor, dass es sich immer so verhalten habe. In diesem Sinne ist man so weit gegangen, dass man eine Theorie ersonnen hat, die alles ausschließlich damit erklären will und den bezeichnenden Namen »historischer Materialismus« erhalten hat. Hier kann man auch noch die Wirkung einer jener Suggestionen sehen, auf die wir weiter oben hingewiesen haben, und diese Suggestionen wirken umso stärker, als sie den Tendenzen der allgemeinen Mentalität entsprechen. Eine derartige Suggestion wirkt so, dass die wirtschaftlichen Mittel schließlich beinahe alles, was im gesellschaftlichen Bereich vor sich geht, tatsächlich bestimmen. Zweifellos wurde die Masse stets auf die eine oder andere Weise geführt, und man könnte sagen, dass ihre geschichtliche Rolle vor allem darin besteht, sich führen zu lassen, weil sie nur ein passives Element, eine »Materie« im Sinne des Aristoteles darstellt. Um sie zu führen, genügt es heute jedoch, über rein materielle Mittel zu verfügen, diesmal im gewöhnlichen Wortsinn, was deutlich zeigt, bis zu welchem Grad sich unser Zeitalter erniedrigt hat. Und gleichzeitig lässt man diese Masse glauben, dass sie nicht geführt werde, dass sie spontan handele und sich selbst regiere. Und die Tatsache, dass sie es glaubt, lässt ahnen, wie weit ihr Unverstand reichen kann.

Da wir gerade von den wirtschaftlichen Faktoren sprechen, wollen wir die Gelegenheit nutzen, um auf eine bei diesem Thema allzu weit verbreitete Illusion hinzuweisen: Sie besteht darin, sich einzubilden, dass die auf dem Gebiet des Handelsaustauschs hergestellten Beziehungen zu einer Annäherung und Verständigung zwischen den Völkern dienen können, während sie sich in Wirklichkeit genau gegenteilig auswirken. Die Materie, das haben wir schon sehr oft gesagt, ist wesensgemäß Vielheit und Teilung, also eine Quelle von Kämpfen und Konflikten. Ob es nun um Völker oder Individuen geht, der wirtschaftliche Bereich ist daher nur der von konkurrierenden Interessen und kann es nur sein. Um einen Bereich der Verständigung mit dem Osten zu finden, darf sich der Westen insbesondere nicht auf die Industrie verlassen, genauso wenig wie auf die moderne Wissenschaft, von der sie sich nicht trennen lässt. Wenn die Ostler so weit gehen, diese Industrie als eine unangenehme und im Übrigen vorübergehende Notwendigkeit anzuerkennen, denn nach ihrer Ansicht kann sie nichts weiter sein, wird sie ihnen stets gleichsam nur als eine Waffe dienen, die es ihnen ermöglicht, dem Eindringen des Westens zu widerstehen und ihre eigene Existenz zu schützen. Wichtig ist: Man muss genau wissen, dass es gar nicht anders sein kann – die Vertreter des Ostens, die sich damit abfinden, eine wirtschaftliche Konkurrenz mit dem Westen in Betracht zu ziehen, und das trotz der Abneigung, die sie gegen eine derartige Tätigkeit empfinden, können dies nur in einer einzigen Absicht tun, nämlich derjenigen, sich von einer Fremdherrschaft zu befreien, die nur auf brutaler Gewalt und materieller Macht beruht, welche ihr gerade die Industrie zur Verfügung stellt. Gewalt ruft nach Gewalt, doch man wird anerkennen müssen, dass es gewiss nicht die Menschen des Ostens sind, die den Kampf auf diesem Gebiet gesucht haben.

Abgesehen vom Problem der Beziehungen zwischen Osten und Westen lässt sich außerdem unschwer feststellen, dass eine der bemerkenswertesten Folgen der industriellen Entwicklung in der ständigen Vervollkommnung der Kriegsgeräte und der Vergrößerung ihrer Zerstörungskraft in ungeheuren Ausmaßen besteht. Das allein sollte genügen, um die »pazifistischen« Träumereien mancher Bewunderer des modernen »Fortschritts« zugrunde zu richten; aber Träumer und »Idealisten« sind unverbesserlich, und ihre Naivität scheint grenzenlos. Der »Humanitarismus«, der so stark in Mode ist, verdient sicher nicht, dass man ihn ernst nimmt – doch sonderbar ist, dass man so viel vom Ende der Kriege in einem Zeitalter spricht, in dem sie schlimmere Verwüstungen als je zuvor anrichten, und das nicht nur durch die Vervielfachung der Zerstörungsmittel, sondern auch dadurch, dass sie sich nicht mehr zwischen wenig zahlreichen und allein aus Berufssoldaten bestehenden Heeren abspielen, sondern alle Individuen unterschiedslos aufeinanderhetzen, einschließlich der für die Erfüllung einer solchen Aufgabe am wenigsten geeigneten. Dies ist ein weiteres eindrucksvolles Beispiel für das moderne Durcheinander, und für jemanden, der darüber nachdenken will, ist es wirklich erstaunlich, dass man so weit gekommen ist, ein »Massenaufgebot« oder eine »allgemeine Mobilmachung« als ganz natürlich anzusehen, und dass sich die Vorstellung von einer »Nation in Waffen« im Denken aller durchsetzen konnte, von ganz seltenen Ausnahmen abgesehen. Hierin kann man auch eine Auswirkung des Glaubens an die ausschließliche Macht der Zahl sehen: Es entspricht dem quantitativen Wesen der modernen Zivilisation, ungeheure Massen von Kämpfenden in Bewegung zu setzen. Gleichzeitig kommt dabei der »Egalitarismus« auf seine Kosten, ebenso in solchen Regelungen wie der »allgemeinen Schulpflicht« und dem »allgemeinen Wahlrecht«. Fügen wir noch hinzu, dass diese verallgemeinerten Kriege nur durch eine andere, spezifisch moderne Erscheinung ermöglicht wurden, nämlich die Herausbildung der »Nationalitäten«, einerseits eine Folge der Zerstörung des Feudalsystems und andererseits des gleichzeitigen Zerfalls der höheren Einheit der mittelalterlichen »Christenheit«. Ohne dass wir uns mit Betrachtungen aufhalten, die uns zu weit führen würden, wollen wir ebenfalls als erschwerenden Umstand die Missachtung einer spirituellen Autorität festhalten, die normalerweise als einzig wirksame Schiedsrichterin auftreten kann, denn durch ihre eigene Natur steht sie über allen Konflikten im politischen Bereich. Die Ablehnung der spirituellen Autorität ist auch noch praktischer Materialismus. Und gerade jene, die behaupten, eine solche Autorität prinzipiell anzuerkennen, sprechen ihr tatsächlich jeden wirklichen Einfluss und jede Macht ab, in den gesellschaftlichen Bereich einzugreifen, genau auf die gleiche Weise, wie sie eine unüberwindliche Schranke zwischen der Religion und den gewöhnlichen Beschäftigungen ihres Daseins errichten. Ganz gleich, ob es sich um das öffentliche oder das Privatleben handelt, in beiden Fällen äußert sich durchaus derselbe Geisteszustand.

Selbst wenn man anerkennt, dass die materielle Entwicklung einige Vorteile bietet, übrigens in sehr relativer Hinsicht, kann man – wenn man solche Konsequenzen berücksichtigt, wie wir sie soeben angeführt haben – sich fragen, ob diese Vorteile nicht bei Weitem von den Nachteilen übertroffen werden. Wir sprechen nicht einmal von alldem, was dieser ausschließlichen Entwicklung geopfert wurde und unvergleichlich wertvoller war. Wir sprechen auch nicht von den vergessenen höheren Erkenntnissen, von der zerstörten Geistigkeit und der verschwundenen

Spiritualität. Wir nehmen einfach die moderne Zivilisation als solche und sagen: Wägte man die Vor- und Nachteile ihrer Errungenschaften ab, fiele das Resultat sehr wahrscheinlich negativ aus. Die Erfindungen, die sich gegenwärtig mit ständig wachsender Geschwindigkeit vervielfältigen, sind umso gefährlicher, weil sie Kräfte ins Spiel bringen, deren wahres Wesen gerade denen, die sie benutzen, vollständig unbekannt ist. Diese Unwissenheit ist der beste Beweis für die Wertlosigkeit der modernen Wissenschaft im Hinblick auf ihren Erklärungswert, also auf die Erkenntnis, die wir daraus ziehen, selbst wenn sie allein auf den physikalischen Bereich beschränkt ist. Die Tatsache, dass die praktischen Anwendungen dadurch keineswegs behindert werden, beweist gleichzeitig, dass diese Wissenschaft im Grunde ausschließlich einer interessengeleiteten Ausrichtung gehorcht: dass die Industrie das einzige reale Ziel all ihrer Forschungen ist. Da die von den Erfindungen ausgehenden Gefahren – selbst wenn diese Erfindungen nicht ausdrücklich dazu bestimmt sind, eine für die Menschheit unheilvolle Rolle zu spielen, beschwören sie dennoch lauter Katastrophen herauf, ganz zu schweigen von den ungeahnten Störungen, die sie in der Umwelt verursachen – gewiss immer weiter in schwer vorherzubestimmenden Ausmaßen zunehmen werden, darf man annehmen, ohne dass dies allzu unwahrscheinlich anmutet, wie wir schon angeführt haben, dass die moderne Welt vielleicht dadurch so weit kommen wird, sich selbst zu zerstören, wenn sie unfähig ist, auf diesem Weg innezuhalten, solange noch Zeit dafür ist.

Doch was die modernen Erfindungen betrifft, so genügt es nicht, die Vorbehalte zu äußern, die sich wegen ihrer gefährlichen Seiten aufdrängen, und man muss noch weiter gehen: Sind die angeblichen »Wohltaten« dessen, was man übereinstimmend den »Fortschritt« nennt, eine

Bezeichnung, der man tatsächlich zustimmen könnte, wenn man darauf achtete, unmissverständlich klarzustellen, dass es sich nur um einen ganz materiellen Fortschritt handelt, sind diese so sehr gerühmten »Wohltaten« nicht zum Großteil illusorisch? Die Menschen unseres Zeitalters wollen damit ihren »Wohlstand« erhöhen. Wir hingegen meinen, dass das Ziel, das sie so anstreben, es nicht wert ist, so viele Mühen darauf zu verwenden, selbst wenn es wirklich erreicht werden sollte – doch wir halten es außerdem für sehr fraglich, dass es erreicht wird. Zuallererst müsste man berücksichtigen, dass nicht alle Menschen denselben Geschmack und dieselben Bedürfnisse haben und dass es trotz allem immer noch einige gibt, die der modernen Hektik und der wahnwitzigen Geschwindigkeit entgehen möchten, es aber nicht können. Wird man sich zu der Behauptung versteigen, dass es für sie eine »Wohltat« sei, ihnen das aufzuzwingen, was ihrer Natur am meisten widerspricht? Man wird sagen, diese Menschen seien heute wenig zahlreich, und darum wird man es für wohlbegründet halten, wenn man sie als irrelevant einschätzt. Dort wie im politischen Bereich maßt sich die Mehrheit das Recht an, die Minderheiten zu zerschlagen, die in ihren Augen offenkundig keine Existenzberechtigung haben, denn gerade deren Existenz widerspricht ja der wahnhaften »egalitären« Vorliebe für Gleichförmigkeit. Wenn man jedoch von der gesamten Menschheit ausgeht, anstatt sich auf die westliche Welt zu beschränken, nimmt sich die Frage anders aus: Wird das, was gerade noch die Mehrheit war, nicht zu einer Minderheit werden? Darum bedient man sich in diesem Fall nicht mehr desselben Arguments, sondern aufgrund eines befremdlichen Widerspruchs wollen diese »Egalitären« nun im Namen ihrer »Überlegenheit« die eigene Kultur dem Rest der Welt aufzwingen, und sie stiften Verwirrung bei Leuten, die nichts von ihnen verlangt haben. Und da es diese »Überlegenheit« nur in materieller Hinsicht gibt, ist es ganz natürlich, dass sie sich mit den brutalsten Mitteln durchsetzt. Dabei darf man sich außerdem nicht täuschen: Wenn die breite Öffentlichkeit diese Scheingründe der »Kultur« bereitwillig anerkennt, so gibt es doch manche, für die dies einfach nur »moralistische« Heuchelei, eine Maskierung des Eroberungsdranges und der Wirtschaftsinteressen ist. Aber was ist das für ein eigenartiges Zeitalter, in dem sich so viele Menschen überzeugen lassen, dass man ein Volk glücklich macht, indem man es unterjocht und ihm das nimmt, was es an Wertvollstem hat, das heißt seine eigene Kultur, und indem man es zwingt, Sitten und Institutionen anzunehmen, die für eine andere Rasse geschaffen sind, und ihm die mühseligsten Arbeiten aufbürdet, um es Dinge erwerben zu lassen, die es überhaupt nicht nutzen kann! Denn so ist es: Der moderne Westen kann nicht ertragen, dass manche Menschen lieber weniger arbeiten und sich für ihr Leben mit wenigem zufriedengeben. Da allein die Quantität zählt und alles, was nicht augenscheinlich ist, außerdem für inexistent gehalten wird, gilt als anerkannt, dass derjenige, der sich nicht hektisch anstrengt und nichts Materielles produziert, nur ein »Faulenzer« sein kann. Ohne dass man in diesem Zusammenhang überhaupt von den landläufigen Einschätzungen der östlichen Völker spricht, braucht man nur zu sehen, wie die kontemplativen Orden beurteilt werden, und das sogar in angeblich religiösen Kreisen. In einer solchen Welt gibt es keinen Platz mehr für den Verstand und auch nicht für alles, was rein innerlich ist, denn dies sind Dinge, die man nicht sehen oder berühren, zählen oder wiegen kann. Es gibt nur einen Platz für das äußere Handeln in all seinen Formen, einschließlich der ganz bedeutungslosen.

Deshalb darf man sich nicht wundern, dass die wahnhafte angelsächsische Vorliebe für »Sport« jeden Tag mehr an Boden gewinnt: Das Ideal dieser Welt ist das »menschliche Tier«, das seine Muskelkraft aufs Höchste entwickelt hat. Ihre Helden sind die Athleten, selbst wenn sie brutale Dummköpfe sein sollten: Gerade sie erregen die Begeisterung des Volkes, und für ihre Großtaten schwärmen die Massen. Eine Welt, in der man solche Dinge sieht, ist wirklich sehr tief gesunken und scheint ihrem Ende ganz nahe zu sein.

Doch versetzen wir uns einen Augenblick an die Stelle derjenigen, die im materiellen »Wohlstand« ihr Ideal sehen und die sich deshalb über alle vom modernen »Fortschritt« im Leben eingeführten Verbesserungen freuen. Sind sie ganz sicher, dass sie sich nicht täuschen lassen? Trifft es zu, dass die Menschen heute glücklicher als früher sind, weil sie über schnellere Kommunikationsmittel oder andere derartige Dinge verfügen, weil sie ein hektischeres und komplizierteres Leben haben? Uns kommt es so vor, als stimme genau das Gegenteil: Unausgewogenheit kann nicht die Voraussetzung wahren Glücks sein. Je mehr Bedürfnisse jemand hat, desto mehr ist er außerdem der Gefahr ausgesetzt, dass ihm etwas fehlt und er demzufolge unglücklich ist. Die moderne Zivilisation strebt danach, die künstlichen Bedürfnisse zu vermehren, und wie wir schon weiter oben gesagt haben, wird sie immer weitere Bedürfnisse schaffen, die sie nicht befriedigen kann, denn sobald man sich auf diesen Weg eingelassen hat, ist es sehr schwierig, auf ihm innezuhalten, und es gibt sogar keinen Grund, an einem bestimmten Punkt innezuhalten. Die Menschen konnten nicht darunter leiden, wenn sie auf Dinge verzichteten, die es überhaupt nicht gab und an die sie nie gedacht hatten. Jetzt hingegen leiden sie zwangsläufig, wenn ihnen diese Dinge fehlen, weil sie sich daran gewöhnt haben, sie als notwendig anzusehen, und weil es tatsächlich so ist, dass sie ihnen wirklich notwendig geworden sind. Daher bemühen sie sich mit allen Mitteln, das zu erwerben, was ihnen sämtliche materiellen Befriedigungen verschaffen kann, die einzigen, die sie zu würdigen wissen: Es geht nur darum, »Geld zu verdienen«, denn das ermöglicht es, diese Dinge zu erhalten, und je mehr man davon hat, desto mehr will man davon haben, weil man ständig neue Bedürfnisse bei sich entdeckt; und diese Sucht wird zum einzigen Lebenszweck. Hieraus ergibt sich der erbitterte Konkurrenzkampf, den manche »Evolutionisten« unter dem Namen »Kampf ums Dasein« zur Würde eines wissenschaftlichen Gesetzes erhoben haben und dessen logische Folge darin besteht, dass die – im engsten materiellen Wortsinn – Stärksten allein das Recht aufs Dasein haben. Hieraus ergibt sich auch der Neid und sogar der Hass, dem jene, die Reichtum haben, von Seiten der Besitzlosen ausgesetzt sind. Wie könnten auch Menschen, denen man die »egalitären« Theorien gepredigt hat, sich nicht empören, wenn sie rund um sich Ungleichheit in jener Form feststellen, die sie am empfindlichsten treffen muss, weil sie zur gröbsten Kategorie gehört? Wenn die moderne Zivilisation eines Tages unter dem Druck der zügellosen Begierden zusammenbrechen sollte, die sie in der Masse entstehen lässt, müsste man sehr blind sein, wenn man darin nicht die gerechte Strafe für ihren grundlegenden Fehler oder, um es ohne jede moralische Phraseologie zu sagen, die »Gegenreaktion« auf ihr eigenes Wirken gerade in dem Bereich sähe, in dem sie tätig war. Im Evangelium heißt es: »Wer das Schwert nimmt, soll durchs Schwert umkommen.« Wer die brutalen Kräfte der Materie entfesselt, den werden dieselben Kräfte zermalmen, denn er kann sie nicht mehr beherrschen, sobald er sie unklugerweise in Bewegung gesetzt hat, und er kann sich nicht rühmen, sie auf ihrem unheilvollen Weg endlos aufzuhalten. Ob es sich um Naturkräfte oder Kräfte der Menschenmassen oder um beide zusammen handelt, darauf kommt es nicht an; stets greifen die Gesetze der Materie ein und richten unerbittlich den zugrunde, der glaubt, er könne sie beherrschen, ohne sich selbst über die Materie zu erheben. Und im Evangelium heißt es auch noch: »Jedes Haus, das in sich selbst gespalten ist, fällt zusammen.« Dieses Wort trifft auch für die moderne Welt mit ihrer materiellen Zivilisation genau zu, die durch ihr eigenes Wesen überall nur Kampf und Spaltung hervorrufen kann. Der hieraus zu ziehende Schluss liegt allzu nahe, und ohne einen Irrtum befürchten zu müssen, braucht man keine anderen Erwägungen zu berücksichtigen, um dieser Welt ein tragisches Ende vorauszusagen, wenn nicht bald ein radikaler Wandel eintritt, der bis zu einer wahren Umkehr geht.

Uns ist wohlbekannt, dass uns nun manche vorwerfen, wir hätten, als wir vom Materialismus der modernen Zivilisation sprachen, wie wir es soeben getan haben, bestimmte Faktoren vernachlässigt, die diesen Materialismus wenigstens abzuschwächen scheinen – und tatsächlich, wenn es sie nicht gäbe, wäre diese Zivilisation sehr wahrscheinlich bereits kläglich zugrunde gegangen. Wir bestreiten also keineswegs, dass es solche Faktoren gibt, doch man darf sich hierbei auch keinen Illusionen hingeben: Einerseits brauchen wir dabei nicht alles einzubeziehen, was im philosophischen Bereich unter solchen Etiketten wie »Spiritualismus« und »Idealismus« auftritt, ebenso wenig alles, was bei den gegenwärtigen Tendenzen nur »Moralismus« und »Sentimentalismus« ist. Hierzu haben wir uns schon ausreichend geäußert, und wir wollen lediglich daran erinnern, dass dies für uns ebenso »profane« Sichtweisen wie die des theoretischen oder praktischen Materialismus sind und dass sie sich von ihm in Wirklichkeit weitaus weniger entfernen, als es den Anschein hat. Wenn es andererseits noch Reste wahrer Spiritualität gibt, haben sie bisher trotz des modernen Geistes und gegen ihn überdauert. Man kann diese Reste der Spiritualität bei allem, was spezifisch westlich ist, lediglich im religiösen Bereich finden. Doch wir haben schon gesagt, wie sehr die Religion heute beeinträchtigt ist, wie sehr sich ihre Gläubigen selbst eine eingeengte und unzulängliche Vorstellung von ihr machen und wie weitgehend man die Geistigkeit, die mit wahrer Spiritualität nur ein Ganzes bildet, aus ihr beseitigt hat. Wenn unter diesen Bedingungen noch gewisse Möglichkeiten übrig bleiben, so lediglich in latentem Zustand, und gegenwärtig beschränkt sich ihre wirkliche Rolle auf ganz wenig. Deshalb darf man die Lebenskraft einer religiösen Tradition nicht weniger bewundern: Selbst wenn sie so von einer gewissen Virtualität vereinnahmt wird, besteht sie trotz aller Bemühungen weiter, die man seit mehreren Jahrhunderten unternommen hat, um sie zu ersticken und zu vernichten. Und wenn man zur Reflexion fähig wäre, würde man erkennen, dass es in diesem Widerstand etwas gibt, das eine »nichtmenschliche« Macht voraussetzt. Aber noch einmal: Diese Tradition gehört nicht zur modernen Welt, sie ist nicht einer ihrer Grundbestandteile, sie ist sogar das Gegenteil ihrer Tendenzen und Bestrebungen. Man muss dies offen sagen und darf nicht nach haltlosen Vermittlungen suchen: Zwischen dem religiösen Geist im wahren Sinne des Wortes und dem modernen Geist kann es nur einen Antagonismus geben. Jeder Kompromiss kann lediglich jenen schwächen und diesem nützen, dessen Feindseligkeit dadurch nicht entwaffnet wird, denn er kann stets nur die vollständige Zerstörung all dessen bezwecken, was in der Menschheit eine der Menschheit überlegene Wirklichkeit widerspiegelt.

Man sagt, der moderne Westen sei christlich, doch dies ist ein Irrtum: Der moderne Geist ist antichristlich, weil er wesentlich antireligiös ist; und er ist antireligiös, weil er in einem noch allgemeineren Sinne traditionsfeindlich ist. Dies bildet sein eigentliches Wesen, was ihn zu dem macht, was er ist. Sicher ist etwas vom Christentum selbst in die antichristliche Kultur unseres Zeitalters übergegangen, dessen »fortschrittlichste« Vertreter, wie sie es in ihrer besonderen Ausdrucksweise nennen, nichts dagegen vermögen, dass sie – unfreiwillig und vielleicht unbewusst – einem bestimmten, wenigstens indirekten christlichen Einfluss unterlegen sind und immer noch unterliegen. So verhält es sich, denn wie radikal auch ein Bruch mit der Vergangenheit sein mag, er kann doch niemals ganz vollständig und so beschaffen sein, dass er jede Kontinuität beseitigt. Wir wollen sogar noch weiter gehen, und wir werden sagen, dass alles, was es an Gültigem in der modernen Welt geben kann, ihr vom Christentum oder wenigstens durch die Vermittlung des Christentums zugekommen ist, denn es brachte das ganze Erbe der vorherigen Traditionen mit sich und erhielt es in dem Maße lebendig, wie dies der Zustand des Westens erlaubt hat, und es trägt die latenten Möglichkeiten dieser Erbschaft immer noch in sich. Aber wer ist sich denn heute, selbst unter denen, die sich als Christen bekennen, noch wirklich dieser Möglichkeiten bewusst? Wo sind, selbst im Katholizismus, die Menschen, die den tiefen Sinn der Lehre kennen, als deren Anhänger sie sich nach außen erklären, die sich nicht damit begnügen, auf mehr oder weniger oberflächliche Weise – und das eher mit dem Gefühl als mit dem Verstand – zu »glauben«, sondern vielmehr die Wahrheit der religiösen Tradition, die sie als die ihrige ansehen, wirklich »wissen«? Wir würden gern den Beweis haben, dass es wenigstens ein paar gibt, denn dies wäre für den Westen die größte und vielleicht einzige Heilshoffnung. Doch wir müssen gestehen, dass wir bisher noch keinen getroffen haben. Soll man annehmen, dass sie sich wie manche Weise des Ostens in einem beinahe unzugänglichen Schlupfwinkel verborgen halten – oder soll man endgültig auf diese letzte Hoffnung verzichten? Der Westen war im Mittelalter christlich, doch er ist es nicht mehr. Wenn man sagt, dass er es noch einmal werden könne, so wünscht niemand sehnlicher als wir, dass es eher so kommen mag, als alles, was wir rund um uns sehen, es nahelegt. Allerdings darf man sich dabei nicht täuschen: An jenem Tage ist es aus mit der modernen Welt.

ACHTES KAPITEL

Das Eindringen des Westens

Die moderne Unordnung entstand, wie wir gesagt haben, im Westen, und bis in die letzten Jahre blieb sie stets streng darauf beschränkt. Heute jedoch kommt es zu etwas, dessen Ernst man nicht verheimlichen kann: Diese Unordnung breitet sich nämlich überall aus und scheint selbst den Osten zu überwältigen. Das Eindringen des Westens ist sicher nichts ganz Neues, doch bisher beschränkte es sich auf eine mehr oder weniger brutale Herrschaft über die anderen Völker, und ihre Auswirkungen waren auf den politischen und wirtschaftlichen Bereich begrenzt. Trotz aller Bemühungen einer vielfältige Formen annehmenden Propaganda blieb der östliche Geist für alle Fehlentwicklungen undurchdringlich, und die früheren traditionellen Kulturen erhielten sich vollständig. Heute gibt es hingegen Vertreter des Ostens, die sich mehr oder weniger vollständig »verwestlicht« und auf ihre Tradition verzichtet haben, um stattdessen alle Verirrungen des modernen Geistes anzunehmen, und diese fehlgeleiteten Elemente werden durch die Ausbildung an europäischen und amerikanischen Universitäten in ihrem eigenen Land zum Grund für Unruhe und Aufruhr. Im Übrigen sollte man die Bedeutung dieses Phänomens nicht übertreiben, wenigstens vorläufig nicht: Im Westen stellt man sich gern vor, dass diese aufsehenerregenden, aber wenig zahlreichen Einzelpersonen den heutigen Osten repräsentieren, während ihre Wirkung tatsächlich nicht sehr weit reicht und auch nicht sehr tief dringt. Diese Illusion lässt sich unschwer erklären, denn man kennt die wahren Vertreter des Ostens nicht, die außerdem keineswegs bemüht sind, Bekanntheit zu erreichen – und die »Modernisten«, wenn man sie so nennen darf, sind die Einzigen, die nach außen hin auftreten, die reden, schreiben und sich auf alle möglichen Arten hektisch betätigen. Deshalb trifft es nicht weniger zu, dass diese traditionsfeindliche Bewegung an Boden gewinnen kann, und man muss mit allen – selbst den ungünstigsten – Möglichkeiten rechnen. Schon zieht sich der traditionelle Geist gewissermaßen in sich selbst zurück. Die Zentren, an denen er sich vollständig erhält, schließen sich immer hermetischer ab und werden immer schwerer zugänglich. Und diese sich verallgemeinernde Unordnung entspricht durchaus dem, was in der Endphase des *Kali–Yuga* eintreten soll.

Erklären wir es ganz unmissverständlich: Da der moderne Geist etwas rein Westliches ist, müssen diejenigen, die unter seinem Einfluss stehen, selbst wenn sie geborene Ostler sind, in Bezug auf ihre Mentalität als Westler angesehen werden, denn ihnen ist jede östliche Vorstellung vollständig fremd, und ihre Unkenntnis der traditionellen Lehren ist die einzige Entschuldigung für ihre Feindseligkeit. Es kann recht sonderbar und sogar widersprüchlich anmuten, dass dieselben Leute, die sich in geistiger Hinsicht zu Hilfskräften des »Okzidentalismus« machen oder sich, genauer gesagt, gegen jede wahre Geistigkeit wenden, im politischen Bereich manchmal als dessen Gegner auftreten. Und doch gibt es im Grunde dabei nichts, worüber man sich wundern sollte. Denn gerade sie bemühen sich ja, im Osten verschiedene »Nationalismen« einzuführen, und jeder »Nationalismus« ist zwangsläufig dem traditionellen Geist entgegengesetzt. Wenn sie die Fremdherrschaft bekämpfen wollen, so geschieht dies mit den Methoden des Westens selbst, auf die gleiche Weise, wie die einzelnen westlichen Völker untereinander kämpfen – und vielleicht besteht darin ihre Existenzberechtigung. Wenn sich die Dinge tatsächlich so weit entwickelt haben, dass die Verwendung derartiger Methoden unvermeidlich geworden ist, so kann ihre Anwendung nur durch Kräfte erfolgen, die jede Bindung an die Tradition abgebrochen haben. Es kann sein, dass diese Kräfte somit vorübergehend benutzt und hierauf wie die Westler selbst beseitigt werden. Überdies wäre es ganz logisch, dass sich die Vorstellungen, die sie verbreitet haben, gegen sie selbst wenden, denn diese Vorstellungen können ja nur Faktoren der Spaltung und Vernichtung sein. Auf diesem Wege wird die moderne Zivilisation auf die eine oder andere Weise zugrunde gehen. Es hat wenig zu bedeuten, ob dies durch die Auswirkung von Streitigkeiten zwischen den Westlern – Streitigkeiten zwischen Nationen oder Gesellschaftsklassen – oder auch, wie manche behaupten, durch Angriffe der »verwestlichten« Ostler beziehungsweise als Folge einer von den »Fortschritten der Wissenschaft« heraufbeschworenen Katastrophe geschieht. In jedem Fall ist die westliche Welt nur durch ihre eigene Schuld und durch das, was von ihr selbst ausgeht, gefährdet.

Die einzige Frage, die sich hier stellt, ist die folgende: Muss der Osten durch die Wirkung des modernen Geistes nur eine vorübergehende und oberflächliche Krise durchmachen, oder wird der Westen die ganze Menschheit in seinem Sturz mitreißen? Es wäre schwer, hierauf gegenwärtig eine auf unbestreitbaren Feststellungen beruhende Antwort zu liefern. Die zwei gegensätzlichen Geisteshaltungen existieren jetzt beide im Osten, aber die der Tradition innewohnende und von ihren Gegnern verkannte spirituelle Kraft kann über die materielle Kraft siegen, sobald diese ihre Rolle ausgespielt hat, und sie so zum Verschwinden bringen, wie das Licht die Finsternis vertreibt. Wir möchten sogar sagen, dass sie zwangsläufig früher oder später obsiegen wird. Doch es kann sein, dass es eine Periode vollständiger Verdunkelung gibt, bevor es so weit kommt. Der traditionelle Geist kann nicht sterben, weil er seinem Wesen entsprechend Tod und Wandel überlegen ist. Aber er kann sich vollständig aus der Außenwelt zurückziehen, und dann wird wahrhaftig das »Ende einer Welt« eintreten. Wie es allen unseren Erklärungen entspricht, hätte das Eintreten dieser Möglichkeit in einer verhältnismäßig wenig entfernten Zukunft nichts Unwahrscheinliches; und in der Verwirrung, die vom Westen ausging und gegenwärtig den Osten ergreift, könnten wir den »Beginn des Endes«, das Vorzeichen des Moments sehen, in dem die heilige Lehre, der hinduistischen Tradition zufolge, vollständig in eine Muschelschale eingeschlossen werden muss, damit sie beim Anbruch der neuen Welt unversehrt daraus hervorkommen kann.

Aber lassen wir die Zukunftsvisionen noch einmal beiseite und berücksichtigen wir nur die gegenwärtigen Ereignisse: Unbestreitbar ist, dass der Westen überall eindringt. Sein Einfluss hat sich zuerst im materiellen Bereich ausgewirkt, der ihm entweder durch gewaltsame Eroberung oder durch Handel und Aneignung der Ressourcen aller Völker unmittelbar erreichbar war – doch jetzt gehen die Dinge noch weiter. Die Westler, die stets von diesem für sie so bezeichnenden Bekehrungseifer beseelt sind, konnten ihren traditionsfeindlichen und materialistischen Geist bis zu einem gewissen Grad bei den anderen durchsetzen; und während die erste Form der Invasion im Grunde nur die Körper erreichte, vergiftet diese nun den Verstand und tötet die Spiritualität. Die eine hat außerdem die andere vorbereitet und ermöglicht, insofern es dem Westen schließlich nur durch brutale Gewalt gelungen ist, sich überall durchzusetzen, und es konnte auch gar nicht anders sein, denn hierin besteht die einzige wirkliche Überlegenheit seiner Kultur, die in jeder anderen Hinsicht so weit unterlegen ist. Das Eindringen des Westens ist das Eindringen des Materialismus in all seinen Formen, und es kann nur dies sein. Alle mehr oder weniger heuchlerischen Verkleidungen, alle »moralistischen« Vorwände, alle »humanitären« Deklamationen, alle geschickten Winkelzüge einer Propaganda, die es gelegentlich versteht, einschmeichelnd aufzutreten, um ihr destruktives Ziel besser zu erreichen, vermögen nichts gegen diese Wahrheit auszurichten, die nur von Naivlingen oder von denen bestritten werden kann, die irgendein Interesse an diesem wahrhaft »satanischen« Werk im strengsten Sinne des Wortes haben.[29]

Dass nun ausgerechnet dieser Moment, in dem der Westen alles überflutet, merkwürdigerweise auch der ist, den manche zum Anlass nehmen, ein angebliches Eindringen östlicher Vorstellungen in ebendiesen Westen als eine Gefahr anzuprangern, die sie mit Entsetzen erfüllt, ist wahrlich ziemlich außerordentlich. Was hat diese neue Verirrung zu bedeuten? Obwohl wir uns an Überlegungen allgemeiner Art halten wollen, können wir es uns nicht ersparen, hier wenigstens ein paar Worte über eine *Défense de l'Occident* (»Verteidigung des Abendlandes«) zu sagen, die Henri Massis vor Kurzem veröffentlicht hat und die eine der charakteristischsten Äußerungen dieses Geisteszustandes ist. Dieses Buch wimmelt von Unklarheiten und sogar von Widersprüchen, und es zeigt wieder einmal, dass die meisten von denen, die auf die moderne Unordnung reagieren möchten, hierzu in einer tatsächlich wirksamen Art kaum fähig sind, denn sie wissen nicht einmal ganz genau, was sie zu bekämpfen haben. Der Autor verteidigt sich zuweilen gegen den Vorwurf, er habe den wahren Osten angreifen wollen. Und wenn er sich wirklich an eine Kritik der »pseudo-orientalischen« Fantasien, das heißt jener rein westlichen, unter trügerischen Etiketten verbreiteten Theorien gehalten hätte, die lediglich eines der zahlreichen Produkte des gegenwärtigen Ungleichgewichts sind, könnten wir nicht umhin, ihm voll und ganz beizustimmen, und dies umso mehr, als wir selber lange vor ihm auf die reale Gefahr derartiger Erscheinungen sowie auf ihre Haltlosigkeit im geistigen Bereich hingewiesen haben. Doch dann empfindet er unglücklicherweise das Bedürfnis, dem Osten Auffassungen zuzuschreiben, die kaum besser als jene anderen sind. Hierfür stützt er sich auf Zitate, die er einigen mehr oder weniger »offiziellen« Orientalisten entnommen hat und in denen die östlichen Lehren bis zur Karikatur entstellt werden, wie dies gewöhnlich geschieht. Was würde er sagen, wenn jemand dasselbe Verfahren in Bezug auf das Christentum verwendete und behauptete, es anhand der Arbeiten der akademischen »Hyperkritiker« zu beurteilen? Doch genau dies tut er bei den Lehren Indiens und Chinas, wobei der erschwerende Umstand hinzukommt, dass die Westler, auf deren Zeugnis er sich beruft, nicht die geringste direkte Kenntnis dieser Lehren haben, während diejenigen ihrer Kollegen, die sich mit dem Christentum beschäftigen, es wenigstens in gewissem Umfang kennen müssen, selbst wenn ihre Feindseligkeit gegen alles, was religiös ist, sie daran hindert, es wirklich zu verstehen. Übrigens müssen wir bei dieser Gelegenheit sagen, wie schwer es uns zuweilen gefallen ist, Vertreter des Ostens davon zu überzeugen, dass die Darlegungen dieses oder jenes Orientalisten schlicht und einfach auf Unverständnis und nicht auf einem bewussten und willkürlichen Vorurteil beruhten, dermaßen deutlich empfindet man dort dieselbe, dem traditionsfeindlichen Geist innewohnende Feindseligkeit. Gern würden wir Massis fragen, ob er es für sehr geschickt hält, die Tradition bei den anderen anzugreifen, wenn man sie in seinem eigenen Land wiederherstellen möchte. Wir sprechen von Geschick, denn im Grunde verlagert er die ganze Diskussion auf politisches Gebiet. Für uns, die wir uns auf einen ganz anderen Standpunkt stellen, nämlich den der reinen Geistigkeit, ist die einzige Frage, die sich stellt, eine Frage nach der Wahrheit. Doch dieser Standpunkt ist gewiss allzu hoch und ausgewogen, als dass die Polemiker bei ihm Befriedigung finden könnten, und wir bezweifeln sogar, dass bei ihnen als Polemikern die Sorge um die Wahrheit einen großen Raum in ihren Bestrebungen einnehmen könnte.[30]

Massis greift jene an, die er als »östliche Propagandisten« bezeichnet – eine Formulierung, die in sich selbst einen Widerspruch enthält, denn der Geist der Propaganda, das haben wir schon sehr oft gesagt, ist etwas ganz Westliches. Das allein zeigt uns schon klar, dass hier irgendein Verkennen vorliegt. Tatsächlich können wir bei den gemeinten Propagandisten zwei Gruppen unterscheiden, deren erste aus reinen Westlern besteht. Wenn es nicht die beklagenswerteste Unkenntnis der den Osten betreffenden Angelegenheiten bezeichnete, wäre es wahrhaft komisch zu sehen, dass Deutsche und Russen unter den Vertretern des östlichen Geistes aufgeführt werden. Der Autor stellt über sie Betrachtungen an, von denen manche sehr zutreffend sind – doch warum zeigt er sie nicht eindeutig als das, was sie in Wirklichkeit sind? Zu dieser ersten Gruppe möchten wir noch die angelsächsischen »Theosophisten« und alle Gründer anderer gleichartiger Sekten zählen, deren östliche Terminologie lediglich eine Maske ist, die Naive und schlecht Informierte beeindrucken soll und nur Vorstellungen umfasst, die dem Osten ebenso fremd wie dem modernen Westen teuer sind. Jene Leute sind außerdem gefährlicher als einfache Philosophen, weil sie Ansprüche auf eine »Esoterik« erheben, die sie nicht weiter besitzen, aber in betrügerischer Absicht fingieren, um jene Geister anzulocken, die etwas anderes als »profane« Spekulationen suchen und die im gegenwärtigen Chaos nicht wissen, wohin sie sich wenden sollen. Wir wundern uns ein wenig, dass Massis fast nichts dazu sagt. Was die zweite Gruppe betrifft, so finden wir darin einige von jenen verwestlichten Ostlern, über die wir gerade gesprochen haben und die ebenso wenig wie die vorherigen über die wahren östlichen Vorstellungen wissen und ganz unfähig wären, sie im Westen zu verbreiten, wenn man davon ausginge, dass sie diese Absicht hätten. Im Übrigen widerspricht dem das Ziel vollständig, das sie sich wirklich vornehmen, denn sie wollen dieselben Vorstellungen im Osten vernichten und den Westlern gleichzeitig ihren modernisierten Osten vorstellen, der den ihnen in Europa oder Amerika gelehrten Theorien angepasst ist. Als wahre Agenten der allerunheilvollsten westlichen Propaganda, derjenigen, die direkt den Verstand angreift, sind sie tatsächlich eine Gefahr für den Osten und nicht für den Westen, als dessen Spiegelbild sie sich lediglich erweisen. Was die wahren Vertreter des Ostens betrifft, so erwähnt Massis keinen einzigen, und es wäre ihm auch sehr schwergefallen, dies zu tun, denn er kennt gewiss nicht einen. Da es ihm unmöglich war, den Namen eines nicht verwestlichten Ostlers anzuführen, hätte ihn dies nachdenklich stimmen und ihm begreiflich machen müssen, dass es überhaupt keine »östlichen Propagandisten« gibt.

Obwohl uns dies zwingt, von uns zu sprechen, was wir gewöhnlich kaum tun, müssen wir überdies ausdrücklich erklären: Unseres Wissens gibt es außer uns niemanden, der im Westen echte östliche Vorstellungen dargelegt hat; und wir haben dies stets genauso getan, wie es jeder Vertreter des Ostens getan hätte, den die Umstände dazu veranlasst hätten, das heißt ohne die geringste Absicht der »Propaganda« oder der »Popularisierung«, und allein an diejenigen gerichtet, die fähig sind, die Lehren so zu verstehen, wie sie sind, ohne dass es einen Grund gibt, sie unter dem Vorwand zu entstellen, ihnen diese Lehren begreiflich zu machen. Wir möchten hinzufügen, dass trotz des Niedergangs der westlichen Geistigkeit jene, die verstehen, immerhin noch weniger selten sind, als wir angenommen haben, auch wenn sie offensichtlich nur eine kleine Minderheit bilden. Ein solches Unternehmen ist gewiss nicht von der Art derjenigen, wie sie sich Massis vorstellt – wir wagen nicht zu behaupten, für die Bedürfnisse seiner Sache, obwohl der politische Charakter seines Buches einen solchen Ausdruck erlauben würde. Sagen wir, um so wohlwollend wie möglich zu sein, dass er sie sich vorstellt, weil sein Geist von der Angst getrübt wird, die das Vorgefühl eines mehr oder weniger nahen Untergangs der westlichen Kultur in ihm heraufbeschwört, und bedauern wir, dass er nicht klar erkennen konnte, wo sich die wahren Ursachen befinden, die diesen Untergang herbeiführen können, obwohl es zuweilen vorkommt, dass er eine gerechtermaßen strenge Haltung in Bezug auf gewisse Aspekte der modernen Welt beweist. Gerade dies bewirkt, dass seine These ständig hin und her schwankt: Zum einen weiß er nicht genau, welche Gegner er eigentlich bekämpfen sollte, und zum anderen lässt ihn sein »Traditionalismus« weitgehend in Unkenntnis über alles, was das eigentliche Wesen der Tradition ist, die er offensichtlich mit einer Art von politisch-religiösem »Konservativismus« der äußerlichsten Kategorie verwechselt.

Wir sagen, Massis' Geist sei von Angst getrübt. Der beste Beweis hierfür ist vielleicht die ungewöhnliche und sogar vollkommen unbegreifliche Haltung, die er seinen sogenannten »östlichen Propagandisten« zuschreibt: Diese sollen angeblich von wildem Hass gegen den Westen beseelt sein, und um ihm zu schaden, bemühen sie sich angeblich, ihm ihre eigenen Lehren zu vermitteln, das heißt, ihm das zu schenken, was sie selber an Wertvollstem haben, was gewissermaßen das eigentliche Wesen ihres Geistes ausmacht! Angesichts all der Widersprüche, die es in einer solchen Hypothese gibt, kann man sich nicht eines wahrhaft fassungslosen Staunens erwehren: Die ganze mühsam konstruierte These bricht auf der Stelle zusammen, und es hat den Anschein, dass der Autor dies nicht einmal bemerkt hat, denn wir wollen nicht annehmen, dass er sich einer solchen Unwahrscheinlichkeit bewusst war und dass er sich ganz einfach auf die geringe Hellsichtigkeit seiner Leser verlassen hat, um sie von ihnen anerkennen zu lassen. Man muss nicht sehr lange und auch nicht sehr tiefgründig nachdenken, um sich darüber klar zu werden: Wenn es Leute gibt, die den Westen so entschieden hassen, müssen sie als Erstes dafür sorgen, ihre Lehren eifersüchtig für sich zu behalten, und alle ihre Bemühungen müssen darauf gerichtet sein, den Westlern den Zugang zu ihnen zu versagen – dies ist übrigens ein Vorwurf, den man zuweilen gegen die Vertreter des Ostens erhoben hat, wobei dies eher aufgrund des Anscheins als zu Recht geschah. Die Wahrheit sieht allerdings ganz anders aus: Die echten Vertreter der traditionellen Lehren empfinden keinen Hass gegenüber irgendjemandem, und ihre Zurückhaltung hat nur einen einzigen Grund: Sie sehen es nämlich als vollkommen nutzlos an, bestimmte Wahrheiten denen gegenüber darzulegen, die unfähig sind, sie zu verstehen. Doch sie haben es nie abgelehnt, sie denen mitzuteilen, ganz gleich, woher sie kommen, welche die erforderlichen »Eignungen« besitzen. Ist es denn ihre Schuld, wenn sich unter den Letztgenannten sehr wenige Westler befinden? Und wer ist verantwortlich, wenn andererseits die Masse der Ostler schließlich die Westler als wirkliche Feinde ansieht, nachdem sie sich ihnen gegenüber lange gleichgültig verhalten hatten? Ist es diese Elite, die sich ganz geistiger Kontemplation widmet und sich entschlossen abseits der äußerlichen Hektik hält, oder sind es nicht vielmehr die Westler selbst, die alles Notwendige getan haben, um ihre Gegenwart verhasst und unerträglich zu machen? Man braucht die Frage nur so zu stellen, wie sie es verdient, damit jedermann sie unverzüglich beantworten kann. Und wenn man anerkennt, dass die Vertreter des Ostens, die bisher unglaubliche Geduld bewiesen haben, endlich die Herren bei sich zu Hause sein wollen, wer könnte dann aufrichtig daran denken, sie deshalb zu tadeln? Wahr ist: Wenn gewisse Leidenschaften eingreifen, können dieselben Dinge, den jeweiligen Umständen entsprechend, höchst unterschiedlich, ja sogar ganz gegensätzlich eingeschätzt werden: Dies gilt etwa, wenn der Widerstand gegen eine ausländische Invasion von einem westlichen Volk kommt – dann heißt er »Patriotismus« und hat jedes Lob verdient. Wenn er von einem östlichen Volk kommt, heißt er »Fanatismus« oder »Fremdenfeindlichkeit« und verdient nur noch Hass oder Geringschätzung. Wollen die Europäer nicht außerdem im Namen des »Rechts«, der »Freiheit«, der »Gerechtigkeit« und der »Zivilisation« überall ihre Herrschaft aufzwingen und allen Menschen verbieten, anders zu leben und zu denken, als sie selbst leben und denken? Man wird zugeben, dass der »Moralismus« wirklich etwas Erstaunliches ist, es sei denn, man gelangt wie wir ganz einfach zu dem Schluss, dass es im Westen, abgesehen von Ausnahmen, die umso ehrenwerter sind, je seltener sie vorkommen, beinahe nur noch zwei Arten von Menschen gibt, die beide recht wenig Interesse verdienen: die Naiven, die sich von diesen großen Worten blenden lassen und an ihre »zivilisatorische Mission« glauben, weil sie sich der materialistischen Barbarei, der sie erliegen, nicht bewusst sind, und die Pfiffigen, die diesen Geisteszustand ausbeuten, um ihre gewalttätigen und habgierigen Triebe zu befriedigen. Auf jeden Fall ist sicher, dass die Ostler niemanden bedrohen und schwerlich daran denken, auf die eine oder andere Weise in den Westen einzudringen. Vorläufig haben sie wahrhaft genug damit zu tun, sich gegen die europäische Unterdrückung zu wehren, die sie sogar in ihrem Geist bedroht – und es wirkt zumindest seltsam, wenn man sieht, wie sich die Angreifer als Opfer aufspielen.

Diese Klarstellung war notwendig, denn bestimmte Dinge müssen ausgesprochen werden. Doch wir würden uns Vorwürfe machen, wenn wir dies stärker betonten, ist die These der »Verteidiger des Abendlandes« doch wahrlich allzu schwach und haltlos. Wenn wir einen Augenblick die gewöhnlich von uns gegenüber Einzelpersonen respektierte Zurückhaltung aufgegeben haben, um Henri Massis namentlich anzuführen, so geschieht dies im Übrigen vor allem deshalb, weil er hierbei einen bestimmten Teil der gegenwärtigen Mentalität verkörpert, den wir bei der vorliegenden Untersuchung über den Zustand der modernen Welt ebenfalls berücksichtigen müssen. Wie sollte dieser untergeordnete, äußerst engstirnige und verständnislose, vielleicht sogar weitgehend erkünstelte »Traditionalismus« sich tatsächlich und wirksam einem Geist entgegenstellen, mit dem er so viele Vorurteile gemeinsam hat? Auf beiden Seiten herrscht, von geringen Unterschieden abgesehen, die gleiche Unkenntnis der wahren Prinzipien. Man teilt die gleiche vorgefasste Meinung, alles zu leugnen, was über einen gewissen Horizont hinausgeht. Man ist gleichermaßen unfähig, die Existenz von andersartigen Kulturen zu verstehen, und betrachtet die griechisch-lateinische »Klassik« mit derselben abergläubischen Bewunderung. Diese unzulängliche Reaktion ist für uns nur von Interesse, weil sie bei einigen unserer Zeitgenossen eine gewisse Unzufriedenheit mit dem gegenwärtigen Zustand kennzeichnet. Die gleiche Unzufriedenheit äußert sich überdies in anderen Bewegungen, die weitergehende Folgen haben könnten, wenn sie gut geführt würden. Aber vorläufig ist all das äußerst chaotisch, und es fällt noch sehr schwer vorauszusagen, was sich daraus entwickeln wird. Indes werden manche Prognosen in dieser Hinsicht vielleicht nicht vollständig unnütz sein. Und da sie eng mit dem Schicksal der gegenwärtigen Welt verbunden sind, können sie gleichzeitig als Schlussfolgerungen für die vorliegende Untersuchung dienen, und das in dem Maße, wie es möglich ist, daraus Schlussfolgerungen zu entnehmen, ohne der »profanen« Ignoranz eine Gelegenheit für allzu bequeme Angriffe zu geben, indem man unklugerweise Betrachtungen weiter ausführt, die man mit üblichen Mitteln unmöglich rechtfertigen könnte. Wir gehören nicht zu denen, die meinen, alles könne unterschiedslos gesagt werden, zumindest dann nicht, wenn man sich von der reinen Lehre entfernt und zu den Anwendungen kommt. Dann machen sich gewisse Vorbehalte erforderlich, und es müssen sich unvermeidlich gewisse Zweckmäßigkeitsfragen stellen. Doch diese rechtmäßigen und sogar unumgänglichen Vorbehalte haben nichts mit manchen kindischen Befürchtungen zu tun, wie sie lediglich die Wirkung einer Unwissenheit sind, in der man, dem sprichwörtlichen hinduistischen Ausdruck zufolge, »ein Seil für eine Schlange hält«. Ob man es will oder nicht: Was gesagt werden muss, wird in dem Maße gesagt, wie dies die Umstände verlangen. Weder die interessengeleiteten Bemühungen der einen noch die unbewusste Feindseligkeit der anderen können verhindern, dass es sich so verhält, nicht mehr als in anderer Hinsicht die Ungeduld derjenigen, die von der fieberhaften Eile der modernen Welt mitgerissen werden und alles auf einmal wissen möchten, bewirken kann, dass manche Dinge in der Öffentlichkeit eher bekannt werden, als es angebracht wäre. Doch die Letztgenannten können sich wenigstens trösten, wenn sie daran denken, dass ihnen der beschleunigte Gang der Ereignisse gewiss sehr bald eine Befriedigung bringen wird. Mögen sie dann nicht bedauern, dass sie sich unzureichend darauf vorbereitet haben, eine Erkenntnis zu empfangen, nach der sie allzu oft mit mehr Begeisterung als wahrer Einsicht suchen!

NEUNTES KAPITEL

Schlussfolgerungen

Wir wollten hier vor allem zeigen, wie es die Anwendung der traditionellen Gegebenheiten ermöglicht, die Fragen zu lösen, die sich gegenwärtig ganz unmittelbar stellen, den heutigen Zustand der irdischen Menschheit zu erklären und gleichzeitig der Wahrheit und nicht konventionellen Regeln oder gefühlsmäßigen Vorlieben entsprechend alles zu beurteilen, was im Grunde die moderne Zivilisation und Kultur ausmacht. Wir erhoben im Übrigen nicht den Anspruch, das Thema erschöpfend in allen seinen Einzelheiten zu behandeln oder all seine Aspekte vollständig auszuführen, ohne einen einzigen zu vernachlässigen. Die Prinzipien, von denen wir uns ständig inspirieren lassen, verpflichten uns allerdings, im Wesentlichen synthetische Ansichten und keine analytischen wie die des »profanen« Wissens vorzustellen. Doch gerade weil diese Ansichten synthetisch sind, gehen sie viel weiter in die Richtung einer wahren Erklärung als irgendeine Analyse, die in Wirklichkeit kaum mehr als einen lediglich deskriptiven Wert hat. Jedenfalls meinen wir, dass wir genug darüber gesagt haben, um den Verständigen zu ermöglichen, aus unseren Darlegungen wenigstens einen Teil der darin implizit enthaltenen Folgerungen selber abzuleiten; und sie dürften zutiefst überzeugt sein, dass ihnen diese Arbeit viel nützlicher sein wird als ein Lesestoff, der keinen Platz für Überlegen und

Nachdenken lassen würde, während wir dafür im Gegenteil nur einen geeigneten Ausgangspunkt, einen ausreichenden Ansatz liefern wollten, damit man sich über die haltlose Vielheit der individuellen Meinungen erheben kann.

Uns bleibt noch, ein paar Worte darüber zu sagen, was wir die praktische Tragweite einer solchen Untersuchung nennen könnten. Wir könnten deren Bedeutung vernachlässigen oder uns nicht mehr dafür interessieren, wenn wir uns auf den Bereich der reinen metaphysischen Lehre beschränkt hätten, im Verhältnis zu der jede Anwendung nur kontingent und akzidentell ist – doch hier geht es ja gerade um die Anwendungen. Diese haben im Übrigen, wenn man von jedem praktischen Ausgangspunkt absieht, eine doppelte Daseinsberechtigung: Sie sind die rechtmäßigen Folgerungen aus den Prinzipien, die normale Ausgestaltung einer Lehre, die, da sie eine einzige und allgemeingültige ist, ausnahmslos alle Wirklichkeitsbereiche umfassen muss. Und gleichzeitig sind sie auch, wenigstens für manche, ein vorbereitendes Mittel, um sich zu einer höheren Erkenntnis zu erheben, wie wir es in Bezug auf die »sakrale Wissenschaft« erklärt haben. Doch darüber hinaus ist es nicht verboten, wenn man sich im Bereich der Anwendungen befindet, sie außerdem als solche und mit ihrem Eigenwert zu betrachten, sofern man dadurch nie veranlasst wird, ihren Zusammenhang mit den Prinzipien aus den Augen zu verlieren. Dies ist eine sehr reale Gefahr, denn hieraus geht die Entartung hervor, die zur »profanen Wissenschaft« geführt hat; doch für diejenigen, die wissen, dass von der reinen Geistigkeit alles vollständig herkommt und abhängt und dass etwas, das nicht bewusst von ihr ausgeht, nur illusorisch sein kann, gibt es diese Gefahr nicht. Wie wir es schon sehr oft wiederholt haben: Alles muss mit der Erkenntnis beginnen, und das, was vom praktischen Bereich am weitesten entfernt scheint, erweist sich gerade in diesem Bereich dennoch am wirksamsten, denn in ihm wie auch überall sonst ist es ohne die Erkenntnis unmöglich, etwas wirklich Gültiges zu vollbringen, das etwas anderes als haltloses und oberflächliches hektisches Treiben ist. Um konkreter auf die Frage zurückzukommen, die uns gegenwärtig beschäftigt, können wir darum sagen: Wenn alle Menschen verstünden, was die moderne Welt wirklich ist, würde diese sogleich nicht mehr existieren, denn ihre Existenz ist ebenso wie die des Unwissens und all dessen, was Begrenzung bedeutet, rein negativ: Sie besteht nur durch die Leugnung der traditionellen und übermenschlichen Wahrheit. Dieser Wandel würde somit ohne irgendeine Katastrophe eintreten, was auf jedem anderen Weg nahezu unmöglich scheint. Haben wir also unrecht, wenn wir versichern, dass eine derartige Erkenntnis zu wahrhaft unvorhersehbaren praktischen Folgen führen kann? Doch andererseits scheint es unglücklicherweise sehr schwierig anzunehmen, dass alle zu dieser Erkenntnis gelangen, von der die meisten Menschen gewiss weiter entfernt sind, als sie es jemals zuvor waren. Es trifft zu, dass dies keineswegs notwendig so ist, denn es genügt eine wenig zahlreiche, doch sehr zuverlässig konstituierte Elite, um der Masse eine Richtung zu weisen, die deren Anregungen gehorchen würde, ohne überhaupt die geringste Vorstellung von deren Existenz oder Handlungsmöglichkeiten zu haben. Ist es im Westen tatsächlich noch möglich, dass sich diese Elite konstituiert?

Wir wollen nicht auf alles zurückkommen, was wir schon anderswo in Bezug auf die Rolle der geistigen Elite darlegen konnten, wenn man die unterschiedlichen, in einer mehr oder weniger nahe bevorstehenden Zukunft möglichen Umstände berücksichtigt. Wir werden uns daher auf das Folgende beschränken: Ganz gleich, wie sich der Wandel vollzieht, der ausmacht, was man den Übergang von einer Welt zu einer anderen nennen könnte, ob es sich außerdem um mehr oder weniger ausgedehnte Zyklen handelt, impliziert dieser Wandel, selbst wenn er den äußeren Anschein eines plötzlichen Bruches hat, niemals eine absolute Diskontinuität, denn es gibt eine Kausalkette, die alle Zyklen untereinander verbindet. Wenn es der Elite, von der wir sprechen, gelänge, sich herauszubilden, solange noch Zeit dafür ist, könnte sie den Wandel so vorbereiten, dass er sich unter den günstigsten Bedingungen vollzieht, und die Unruhe, die unausweichlich mit ihm einhergeht, gewissermaßen auf ein Minimum reduziert wird. Doch auch wenn es sich nicht so verhält, wird er immer eine andere, noch wichtigere Aufgabe haben, nämlich diejenige, zur Erhaltung dessen beizutragen, was die gegenwärtige Welt überleben und für den Aufbau der zukünftigen Welt dienen soll. Offenkundig darf man nicht abwarten, dass der Abstieg beendet ist, um den Wiederaufstieg vorzubereiten, sobald man weiß, dass dieser Wiederaufstieg zwangsläufig stattfinden wird, selbst wenn man nicht verhindern kann, dass der Abstieg vorher zu irgendeiner Katastrophe führt – und so wird die geleistete Arbeit auf jeden Fall nicht verloren sein: Sie kann es nicht sein, weil die Elite daraus Vorteile für sich selbst gewinnen wird, doch sie wird es auch nicht in Bezug auf ihre späteren Resultate für die gesamte Menschheit sein.

Jetzt ein Hinweis, wie man die Dinge ansehen sollte: Die Elite existiert noch in den östlichen Kulturen, und auch wenn man anerkennt, dass sie sich dort infolge der Invasion der Moderne immer mehr verringert, wird sie trotzdem bis zum Ende weiterbestehen, weil es sich zwangsläufig so verhalten muss, damit sie das Gut der Tradition, das nicht untergehen kann, erhält und die Weitergabe all dessen, was bewahrt werden muss, gewährleistet. Im Westen hingegen existiert die Elite heute nicht mehr. Man kann sich also fragen, ob sie sich dort vor dem Ende unseres Zeitalters neu bilden wird, das heißt, ob die westliche Welt trotz ihres Irrwegs einen Anteil an dieser Bewahrung und Weitergabe haben wird. Wenn es sich nicht so verhält, wird die Folge sein, dass ihre Kultur vollständig untergehen muss, weil es dann in ihr kein für die Zukunft nutzbares Element mehr gibt und jede Spur des traditionellen Geistes daraus verschwunden ist. Wenn man die Frage auf diese Weise stellt, kann sie nur eine sehr untergeordnete Bedeutung für das Endergebnis haben; gleichwohl bietet sie ein gewisses Interesse, wenn man sie von einem relativen Standpunkt aus betrachtet, den wir einbeziehen müssen, sobald wir einverstanden sind, die besonderen Bedingungen der Periode, in der wir leben, zu berücksichtigen. Im Prinzip könnte man sich mit dem Hinweis begnügen, dass diese westliche Welt trotz allem ein Teil des Ganzen ist, wovon sie sich seit dem Beginn der modernen Zeiten scheinbar gelöst hat, und dass sich alle Teile bei der letzten Vereinigung des Zyklus auf gewisse Weise wieder zusammenfinden müssen. Aber das verlangt nicht zwangsläufig eine vorherige Wiederherstellung der westlichen Tradition, denn diese kann lediglich in einem fortwährend potentiellen Zustand in ihrer eigenen Quelle, außerhalb der besonderen Form erhalten bleiben, die sie zu einem bestimmten Zeitpunkt angenommen hat. Wir führen dies lediglich als Hinweis an, denn um es vollständig zu verstehen, müsste man die Beziehungen der ursprünglichen Tradition und der untergeordneten Traditionen berücksichtigen, und wir können nicht daran denken, dies hier zu tun. Dies wäre der ungünstigste Fall für die westliche Welt an sich, und ihr gegenwärtiger Zustand kann die Befürchtung wecken, dass dieser Fall wirklich eintritt. Allerdings haben wir gesagt, dass es einige Zeichen gibt, die den Gedanken erlauben, dass jede Hoffnung auf eine bessere Lösung noch nicht endgültig verloren ist.

Heute gibt es im Westen eine größere Zahl von Menschen, als man glaubt, die sich allmählich bewusst werden, was ihrer Kultur fehlt. Wenn sie sich auf vage Bestrebungen und allzu oft unfruchtbare Forschungen beschränken müssen und wenn es sogar vorkommt, dass sie vollständig in die Irre gehen, so deshalb, weil ihnen reale Gegebenheiten fehlen, die nichts ersetzen kann, und weil es keine Einrichtung gibt, die ihnen die notwendige Führung durch eine Lehre bieten kann. Wohlverstanden: Hierbei sprechen wir nicht von denen, die diese Führung in den östlichen Traditionen finden konnten und die sich somit in geistiger Hinsicht außerhalb der westlichen Welt befinden. Diese können im Übrigen nur einen Ausnahmefall darstellen und keineswegs integrierender Bestandteil einer westlichen Elite sein. Tatsächlich sind sie ein Fortsatz der östlichen Eliten, der zu einem Bindeglied zwischen diesen und der westlichen Elite werden könnte, sobald es dieser letztgenannten gelungen wäre, sich zu konstituieren. Doch sie kann gewissermaßen definitionsgemäß nur durch eine eigentümlich westliche Initiative konstituiert werden, und darin besteht die ganze Schwierigkeit. Diese Initiative lässt sich nur auf zwei Arten verwirklichen: Entweder wird der Westen durch eine direkte Rückkehr zu seiner eigenen Tradition – eine Rückkehr, die gleichsam ein spontanes Erwachen latenter Möglichkeiten wäre – die entsprechenden Mittel in sich selbst finden, oder bestimmte westliche Elemente werden diese Wiederherstellungsarbeit mithilfe einer gewissen Kenntnis der östlichen Lehren ausführen, einer Kenntnis, die für sie gleichwohl nicht absolut unmittelbar sein kann, denn sie müssen Westler bleiben, jedoch durch so etwas wie einen Einfluss zweiten Grades erreicht werden kann, der sich über solche Vermittlungen wie die auswirkt, auf die wir soeben hingewiesen haben. Die erste dieser beiden Hypothesen ist sehr wenig wahrscheinlich, denn sie setzt voraus, dass es im Westen wenigstens einen Punkt gibt, an dem sich der traditionelle Geist vollständig erhalten hat, und wir haben gesagt, dass uns die Existenz von etwas Derartigem äußerst zweifelhaft scheint, obwohl dies manchmal behauptet wird. Daher muss man die zweite Hypothese näher untersuchen.

In diesem Fall gäbe es einen Vorteil, obwohl dies nicht unbedingt erforderlich wäre, weil die sich herausbildende Elite einen Stützpunkt in einer westlichen Einrichtung finden könnte, die bereits tatsächlich vorhanden ist. Nun hat man allerdings den bestimmten Eindruck, dass es im Westen nur noch eine einzige Einrichtung gibt, die einen traditionellen Charakter besitzt und eine Lehre bewahrt, um für die hier erforderliche Arbeit eine geeignete Grundlage zu bieten: Dies ist die katholische Kirche. Es würde genügen, ohne etwas an der religiösen Form zu ändern, in der sie nach außen auftritt, ihrer Lehre den tiefen Sinn zurückzugeben, den sie wirklich in sich selbst hat, der jedoch ihren heutigen Vertretern offenbar nicht mehr bewusst ist, wie dies ebenfalls für ihre wesenhafte Einheit mit den anderen traditionellen Formen gilt. Beides ist übrigens untrennbar miteinander verbunden. Dies wäre die Verwirklichung des Katholizismus im wahren Sinne des Wortes, der etymologisch die Vorstellung von »Allgemeingültigkeit« ausdrückt, was diejenigen ein wenig zu sehr vergessen, die daraus nur die ausschließliche Bezeichnung einer besonderen und rein westlichen Form ohne jede tatsächliche Verbindung mit den anderen Traditionen machen möchten.

Und man kann sagen, dass der Katholizismus, so wie die Dinge heute liegen, nur eine virtuelle Existenz hat, denn wir finden bei ihm nicht wirklich das Bewusstsein für die Allgemeingültigkeit. Deshalb trifft es jedoch nicht weniger zu, dass die Existenz einer Einrichtung, die einen solchen Namen trägt, auf eine mögliche Grundlage für die Wiederherstellung des traditionellen Geistes in seiner vollständigen Bedeutung hinweist, und dies gilt umso mehr, als sie der westlichen Welt schon im Mittelalter als Stütze für diesen Geist gedient hat. Im Grunde würde es sich also nur um eine Wiederherstellung dessen handeln, was vor der modernen Verirrung existiert hat, wozu die notwendigen Anpassungen an die Bedingungen eines anderen Zeitalters kämen. Und wenn sich manche darüber wundern oder gegen eine solche Vorstellung protestieren, so deshalb, weil sie selbst ohne ihr Wissen und vielleicht gegen ihren Willen derart weitgehend vom modernen Geist durchdrungen sind, dass sie den Sinn für eine Tradition, von der sie nur die äußere Hülle bewahren, vollständig verloren haben. Wichtig wäre es zu wissen, ob der Formalismus des »Buchstabens«, der noch eine Spielart des »Materialismus« ist, wie wir ihn weiter oben verstanden haben, die Spiritualität endgültig erstickt hat oder ob diese nur zeitweilig verdunkelt wird und immer noch innerhalb der existierenden Einrichtung selbst erwachen kann. Doch allein die kommenden Ereignisse werden es ermöglichen, dies festzustellen.

Außerdem ist es möglich, dass diese Ereignisse selbst den Führern der katholischen Kirche früher oder später als unausweichliche Notwendigkeit etwas aufzwingen, dessen Bedeutung im Hinblick auf die reine Geistigkeit sie nicht direkt verstehen würden. Es wäre sicher bedauerlich, dass ebenso kontingente Umstände wie die notwendig wären, die zum politischen, außerhalb von jedem höheren Prinzip betrachteten Bereich gehören, um sie zum Nachdenken zu bringen. Doch man soll durchaus anerkennen, dass die Gelegenheit einer Entwicklung latenter Möglichkeiten jedem mit den Mitteln geboten werden muss, die seinem gegenwärtigen Verständnis am unmittelbarsten zugänglich sind. Deshalb werden wir Folgendes sagen: Angesichts der Verschlimmerung einer Unordnung, die sich immer weiter verbreitet, gibt es einen guten Grund, zum Zusammenschluss aller spirituellen Kräfte aufzurufen, die in der äußeren Welt, im Westen ebenso wie im Osten, noch eine Wirkung ausüben – und auf westlicher Seite sehen wir keine anderen als die katholische Kirche. Wenn diese dadurch mit den Vertretern der östlichen Traditionen in Kontakt kommen sollte, könnten wir uns zu diesem ersten Ergebnis nur beglückwünschen, und es könnte gerade der Ausgangspunkt dessen sein, was wir ins Auge gefasst haben, denn man würde gewiss bald bemerken, dass eine bloß äußerliche und »diplomatische« Verständigung illusorisch sein und nicht die beabsichtigten Folgen haben würde, sodass man dann durchaus zu dem kommen müsste, womit man normalerweise hätte beginnen sollen, das heißt, die Einigung über die Prinzipien in Betracht zu ziehen, eine Einigung, deren notwendige und ausreichende Vorbedingung es wäre, dass sich die Vertreter des Westens wieder dieser Prinzipien wirklich bewusst würden, wie es die des Ostens immer noch sind. Wahre Verständigung, sagen wir es noch einmal, kann sich nur von oben und von innen heraus vollziehen, das heißt also in dem Bereich, den man unterschiedslos geistig oder spirituell nennen kann, denn für uns haben diese zwei Wörter im Grunde ein und dieselbe Bedeutung. Davon ausgehend würde sich die Verständigung dann auch zwangsläufig in allen anderen Bereichen herstellen, ebenso wie man, wenn ein Prinzip aufgestellt ist, davon nur noch alle darin implizierten Folgen abzuleiten oder vielmehr zu »verdeutlichen« hat. Dabei kann es nur ein einziges Hindernis geben: Das ist der westliche Bekehrungseifer, der sich nicht mit der Anerkennung abfinden kann, dass man manchmal »Bundesgenossen« haben muss, die keineswegs »Untertanen« sind – oder es geht, um es genauer zu sagen, um das mangelnde Verständnis, wovon dieser Bekehrungseifer nur eine Auswirkung ist. Ob dieses Hindernis überwunden wird? Wenn dies nicht geschehen sollte, könnte die Elite, um sich zu konstituieren, nur noch auf die Bemühungen derjenigen, die durch ihre geistige Fähigkeit geeignet wären, ohne dass sie zu einem bestimmten Personenkreis gehören, und selbstverständlich auch auf die Unterstützung des Ostens zählen. Ihre Arbeit würde dadurch erschwert, und ihre Wirkung könnte erst auf längere Sicht eintreten, denn sie müsste hierfür alle Instrumente selber schaffen, anstatt sie wie im anderen Fall schon ganz bereit zu finden. Doch wir meinen durchaus nicht, dass diese Schwierigkeiten, wie groß sie auch sein können, so beschaffen sind, dass sie verhindern, was auf die eine oder andere Weise vollbracht werden muss.

Wir halten es also für zweckmäßig, auch noch dies zu erklären: Schon jetzt gibt es in der westlichen Welt bestimmte Hinweise auf eine Bewegung, die noch nicht klar bestimmt ist, jedoch normalerweise zur Neubildung einer geistigen Elite führen kann und sogar muss, sofern nicht eine Katastrophe allzu schnell eintritt und verhindert, dass sich diese Elite vollständig entwickelt. Man braucht kaum zu sagen, dass die Kirche in Bezug auf ihre zukünftige Rolle ein uneingeschränktes Interesse daran hätte, einer solchen Entwicklung gewissermaßen vorauszueilen, anstatt sie sich vollziehen zu lassen, ohne daran teilzunehmen, sodass die Kirche gezwungen wäre, ihr später zu folgen, damit sie einen Einfluss bewahrte, der ihr sonst verlorengehen könnte. Man muss keinen sehr hohen und schwer verständlichen Standpunkt einnehmen, um einzusehen, dass im Grunde sie die größten Vorteile aus einer Haltung zu gewinnen hätte, die außerdem von ihr nicht den geringsten Kompromiss auf dem Gebiet der Lehre verlangen würde, sondern im Gegenteil dazu führen müsste, sie von jedem Eindringen des modernen Geistes zu befreien, und durch die überdies nichts Äußerliches verändert würde. Es wäre einigermaßen paradox, wenn man erleben müsste, dass sich der integrale Katholizismus ohne die Mitwirkung der katholischen Kirche durchsetzte, die sich dann vielleicht in der einzigartigen Zwangslage befände, hinnehmen zu müssen, gegen schrecklichere Angriffe als je zuvor verteidigt zu werden, und zwar durch Menschen, die von den Kirchenoberen oder wenigstens von denen, die im Namen der Kirche sprechen durften, zunächst in Misskredit gebracht worden sind, indem der am wenigsten begründete Verdacht gegen sie erhoben wurde – und wir persönlich würden es bedauern, wenn es sich so verhielte. Wenn man jedoch nicht will, dass es so weit kommt, ist es höchste Zeit für die, denen ihre Stellung die schwerwiegendste Verantwortung überträgt, in vollständiger Sachkenntnis zu handeln und nicht mehr zuzulassen, dass Versuche, die höchst bedeutsame Folgen haben können, der Gefahr ausgesetzt sind, von der Verständnislosigkeit oder Feindseligkeit einiger mehr oder weniger untergeordneter Persönlichkeiten aufgehalten zu werden, was man bereits erlebt hat und was wieder einmal veranschaulicht, wie weitgehend heute überall Unordnung herrscht. Uns ist im Voraus klar, dass man uns für diese Warnungen – die wir von einem ganz unabhängigen und interesselosen Standpunkt aus erteilen – keineswegs dankbar sein wird. Darauf kommt es uns nicht an. Wenn es notwendig ist, werden wir trotzdem, und dies in der Form, von der wir annehmen, dass sie den Umständen am besten entspricht, weiterhin sagen, was gesagt werden muss. Was wir jetzt vortragen, ist lediglich die Zusammenfassung der Schlussfolgerungen, zu denen wir durch gewisse neuere »Experimente« veranlasst wurden – Unternehmen, die selbstverständlich auf rein geistigem Gebiet durchgeführt wurden. Wenigstens vorläufig müssen wir hierbei nicht auf Einzelheiten eingehen, die im Übrigen an sich wenig interessant wären. Doch wir können versichern, dass es in den gesamten vorhergehenden Ausführungen kein einziges Wort gibt, das wir ohne reifliche Überlegung geschrieben hätten. Es sollte jedem klar sein, dass es vollkommen unnütz wäre, den von uns absichtlich ignorierten philosophischen Spitzfindigkeiten etwas entgegensetzen zu wollen. Wir reden ernsthaft von ernsten Dingen. Wir haben keine Zeit mit Wortklaubereien zu verlieren, die für uns ohne das geringste Interesse sind, und wir wollen uns von jeder Polemik, jedem Schul- oder Parteienstreit fernhalten, ebenso wie wir es kategorisch ablehnen, irgendein westliches Etikett auf uns übertragen zu lassen, denn zu uns passt kein einziges davon. So ist es, mag es nun manchen gefallen oder nicht, und nichts kann uns veranlassen, unsere Haltung in dieser Hinsicht zu ändern.

Nun müssen wir auch denen eine Warnung begreiflich machen, die durch ihre Fähigkeit zu höherem Verständnis, wenn nicht durch den Kenntnisgrad, den sie tatsächlich erreicht haben, dazu ausersehen scheinen, Teilkräfte der möglichen Elite zu werden. Es lässt sich nicht bezweifeln, dass der moderne Geist, der wahrhaft »diabolisch« in jedem Sinn dieses Wortes ist, mit allen Mitteln verhindern will, dass diese heute isolierten und verstreuten Kräfte den notwendigen Zusammenhalt erreichen können, um wirklichen

Einfluss auf die allgemeine Mentalität auszuüben. Es liegt somit an denen, die sich schon mehr oder weniger vollständig des Ziels bewusst geworden sind, das ihre Bemühungen anstreben müssen, sich nicht durch wie auch immer geartete, sich ihnen entgegenstellende Schwierigkeiten davon abbringen zu lassen. Bei jenen, die noch nicht zu dem Punkt gelangt sind, von dem an eine unfehlbare Richtung nicht mehr zulässt, vom wahren Weg abzukommen, sind stets die schwerwiegendsten Verirrungen zu befürchten. Daher macht sich größte Vorsicht erforderlich, und wir möchten sogar sagen, dass sie bis zum Misstrauen gesteigert werden muss, denn der »Gegner«, der bis zu diesem Punkt nicht endgültig besiegt ist, kann die verschiedensten und zuweilen am wenigsten erwarteten Formen annehmen. Es kommt vor, dass jene, die glauben, sie hätten sich dem modernen »Materialismus« entzogen, von Dingen vereinnahmt werden, die sich ihm zwar zu widersetzen scheinen, doch in Wirklichkeit zu derselben Ordnung gehören. Angesichts der Geisteshaltung der Westler sollte man sie in diesem Zusammenhang ganz besonders vor der Anziehung warnen, die mehr oder weniger außerordentliche »Phänomene« auf sie ausüben können. Hieraus entstehen zum großen Teil alle »neospiritualistischen« Irrtümer, und es ist vorauszusehen, dass diese Gefahr noch zunehmen wird, denn die dunklen Kräfte, welche die gegenwärtige Unordnung aufrechterhalten, finden hierin eine ihrer machtvollsten Wirkungsmöglichkeiten. Es ist sogar wahrscheinlich, dass wir nicht mehr sehr weit von dem Zeitalter entfernt sind, worauf sich folgende Voraussage des Evangeliums bezieht, die wir schon an anderer Stelle zitiert haben: »Denn es werden falsche Christusse und falsche Propheten auftreten und große Zeichen und Wunder tun, um womöglich auch die Auserwählten irrezuführen.« Die »Auserwählten« sind, wie das Wort erkennen lässt, jene, die zu der in ihrem wahren und vollständigen Sinne verstandenen »Elite« gehören, und im Übrigen, das möchten wir bei dieser Gelegenheit sagen, legen wir Wert auf diesen Begriff der »Elite«, trotz des Missbrauches, der mit ihm in der »profanen« Welt getrieben wird. Dank der inneren »Verwirklichung«, die diese »Auserwählten« erreicht haben, können sie nicht mehr verführt werden. Doch so verhält es sich nicht bei denen, die in sich lediglich Erkenntnismöglichkeiten haben und eigentlich nur »Berufene« sind: Darum sagt das Evangelium, dass es »viele Berufene, aber wenige Auserwählte« gibt. Wir treten in eine Zeit ein, in der es besonders schwer sein wird, »die Spreu vom Weizen zu trennen« und tatsächlich auszuführen, was die Theologen als »Unterscheidung der Geister« bezeichnen, weil sich die ordnungslosen Erscheinungen immer mehr verstärken und vervielfachen werden und weil auch wahre Erkenntnis bei denen fehlt, deren normale Aufgabe es sein müsste, die anderen zu führen, und die heute allzu oft nur »blinde Führer« sind. Dann wird man sehen, ob die dialektischen Subtilitäten unter solchen Umständen von einigem Nutzen sind und ob eine »Philosophie«, selbst wenn es die bestmögliche wäre, genügen wird, um das Wüten der »Höllenmächte« aufzuhalten: Das ist eine weitere Illusion, gegen die sich manche wehren müssen, denn es gibt viel zu viele Leute, die, da sie nicht wissen, was reine Geistigkeit ist, sich vorstellen, dass eine lediglich philosophische Erkenntnis – die sogar im günstigsten Fall kaum ein Schatten der wahren Erkenntnis ist – Abhilfe für alles schaffen und die gegenwärtige Mentalität wieder auf den richtigen Weg bringen könne, so wie es auch einige gibt, die glauben, in der modernen Wissenschaft selber ein Mittel zu finden, um sich zu höheren Wahrheiten zu erheben, während diese

Wissenschaft ja gerade auf der Negation dieser Wahrheiten beruht. All diese Illusionen sind Gründe, die in die Irre führen. Viele Anstrengungen werden deshalb ganz nutzlos unternommen – und so sind viele, die sich aufrichtig gegen den modernen Geist wenden möchten, zur Ohnmacht verurteilt, denn da sie nicht die wesentlichen Prinzipien finden konnten, ohne die jede Handlung ganz vergeblich ist, haben sie sich in Sackgassen führen lassen, aus denen sie nicht mehr hinauskommen können.

Jene, die alle diese Hindernisse überwinden und die Feindseligkeit einer jeder Spiritualität entgegengesetzten Umwelt bezwingen können, werden sicher nur wenige sein. Doch es sei noch einmal gesagt: Es kommt nicht auf die Zahl an, denn wir befinden uns hier in einem Bereich, dessen Gesetze ganz andere als die der Materie sind. Es gibt also keinen Grund zu verzweifeln – und selbst wenn es keine Hoffnung gäbe, zu einem spürbaren Ergebnis zu kommen, bevor die moderne Welt in irgendeiner Katastrophe untergeht, wäre dies noch immer kein stichhaltiger Grund, um ein Werk zu unterlassen, dessen wirkliche Bedeutung weit über das heutige Zeitalter hinausreicht. Jene, die versucht sein sollten, sich entmutigen zu lassen, müssen daran denken, dass nichts, was auf diesem Gebiet geleistet wird, jemals verloren gehen kann, dass sich Unordnung, Irrtum und Unklarheit nur scheinbar und ganz vorübergehend durchzusetzen vermögen, dass alle partiellen und vorläufigen Ungleichgewichte zwangsläufig zum großen Gesamtgleichgewicht beitragen müssen und dass nichts am Ende etwas gegen die Macht der Wahrheit ausrichten kann. Ihr Wahlspruch muss der sein, den früher manche initiatische Bünde des Westens angenommen hatten: *Vincit omnia Veritas.*

Anmerkungen

1 Das bezieht sich auf die Funktion der »göttlichen Kraft der Erhaltung«, die in der hinduistischen Überlieferung von Vishnu vertreten wird, und insbesondere auf die Lehre der *Avataras* oder »Abstiege« des göttlichen Prinzips in die manifestierte Welt. Wir können natürlich nicht daran denken, dies hier näher auszuführen.

2 Man muss darauf hinweisen, dass der Name »Zoroaster« tatsächlich keine besondere Persönlichkeit, sondern ein zugleich prophetisches und gesetzgeberisches Amt bezeichnet. Es gab mehrere Zoroaster, die in ganz unterschiedlichen Epochen lebten, und es ist sogar wahrscheinlich, dass dieses Amt ein kollektives Wesen hatte, ebenso wie das des Vyasa in Indien; gleichfalls stellt in Ägypten das, was man Thoth oder Hermes zuschrieb, das Werk der ganzen Priesterkaste dar.

3 Das Problem des Buddhismus erweist sich in Wirklichkeit als bei Weitem nicht so einfach, wie es dieser kurze Überblick nahelegen könnte. Interessant ist die Feststellung: Obwohl die Hindus aufgrund ihrer eigenen Tradition stets die Buddhisten verdammt haben, bekunden viele von ihnen trotzdem große Hochachtung für Buddha selbst, wobei einige so weit gehen, dass sie in ihm den neunten *Avatara* sehen, während andere diesen mit Christus identifizieren. Was den Buddhismus betrifft, wie er heute bekannt ist, so muss man sehr sorgfältig zwischen seinen zwei Formen *Mahayana* und *Hinayana* oder »Großes Fahrzeug« und »Kleines Fahrzeug« unterscheiden. Man kann ganz allgemein sagen, dass sich der Buddhismus außerhalb Indiens beträchtlich von seiner ursprünglichen indischen Form unterscheidet, die nach dem Tod Ashokas schnell an Boden verlor und einige Jahrhunderte später vollständig verschwand.

4 Dieses Phänomen ist keine Besonderheit Indiens und findet sich auch im Westen; aus dem gleichen Grund entdeckt man keine Überreste der gallischen Städte, deren Existenz dennoch unbestreitbar ist, weil sie von zeitgenössischen Zeugnissen bestätigt wird – und auch in diesem Fall haben moderne Historiker das Fehlen von Monumenten genutzt, um die Gallier als wilde Waldbewohner darzustellen.

5 Das Verhältnis ist hier annähernd das gleiche wie jenes, das es in der taoistischen Lehre zwischen dem Zustand des »begabten Menschen« und dem des »transzendenten Menschen« gibt.

6 Wir wollen nur zwei Beispiele für derartige Sachverhalte anführen, welche die schwerwiegendsten Folgen haben sollten: die angebliche Erfindung der Druckkunst, welche die Chinesen schon vor der christlichen Zeitrechnung kannten, und die »offizielle« Entdeckung Amerikas, mit dem es während des ganzen Mittelalters weitaus regelmäßigere Kontakte gegeben hatte, als man annimmt.

7 Dieses Gesetz wurde in den Eleusinischen Mysterien durch das Weizenkorn symbolisiert. Die Alchemisten stellten es durch die »Fäulnis« und die schwarze Farbe dar, die den Beginn des »Großen Werks« kennzeichnet. Was die christlichen Mystiker die »dunkle Nacht der Seele« nennen, ist nur seine Anwendung auf die spirituelle Entwicklung des Seins, das sich zu höheren Stadien erhebt; und hier ließe sich unschwer noch auf viele andere Übereinstimmungen hinweisen.

8 Kontemplation und Aktion sind tatsächlich die jeweiligen spezifischen Funktionen der beiden ersten Kasten, der *Brahmanen* und der *Kshatriyas*; daher sind ihre gegenseitigen Beziehungen gleichzeitig die der spirituellen Autorität und der weltlichen Macht; wir wollen uns hier jedoch nicht eingehender mit dieser Seite der Frage beschäftigen. Sie hätte es verdient, gesondert betrachtet zu werden.

9 Wer bezweifeln sollte, dass die traditionellen Lehren des Ostens, und besonders die Indiens, der Tat diese sehr reale,

wenn auch relative Bedeutung beimessen, brauchte sich nur, um sich davon zu überzeugen, an die *Bhagavad Gita* zu halten, die zudem – dies darf man nicht vergessen, wenn man ihre Bedeutung richtig verstehen will – ein insbesondere für die *Kshatriyas* bestimmtes Buch ist.

10 Aufgrund des damit festgelegten Verhältnisses wird gesagt, dass der *Brahmane* der Typus der beständigen Wesen und der *Kshatriya* der Typus der beweglichen oder veränderlichen Wesen sei; somit stehen alle Wesen dieser Welt, ihrer jeweiligen Natur entsprechend, hauptsächlich mit dem einen oder mit dem anderen in Verbindung, denn zwischen der kosmischen und der menschlichen Ordnung gibt es eine vollkommene Entsprechung.

11 Man muss tatsächlich festhalten, was eine Folge des wesensgemäß kurzzeitigen Charakters der Tat ist, dass in ihrem Bereich die Ergebnisse immer von dem getrennt sind, was sie hervorbringt, während die Erkenntnis stattdessen ihr Ergebnis in sich selbst trägt.

12 Kurze Zeit nach seiner Entstehung wurde der Buddhismus in Indien mit einer der hauptsächlichen Manifestationen der Empörung der *Kshatriyas* gegen die Autorität der *Brahmanen* in Verbindung gebracht; und wie man nach den vorhergehenden Hinweisen mühelos verstehen kann, gibt es, allgemein gesagt, einen sehr direkten Zusammenhang zwischen der Negation jedes unwandelbaren Prinzips und der Negation der spirituellen Autorität, zwischen der Reduktion aller Realität auf das »Werden« und der Bejahung des Vorrangs der weltlichen Macht, deren eigentümlicher Bereich die Welt der Tat ist; und man könnte feststellen, dass »naturalistische« oder antimetaphysische Lehren immer dann auftreten, wenn in einer Kultur das Element, das die weltliche Macht verkörpert, die Vorherrschaft über das die spirituelle Autorität verkörpernde Element gewinnt.

13 Man kann feststellen, dass in der Gesellschaftsordnung etwas Analoges eingetreten ist: In ihr wollten die Modernen das

Weltliche vom Spirituellen trennen. Damit soll nicht infrage gestellt werden, dass es sich hier um zwei verschiedene Dinge handelt, denn sie beziehen sich tatsächlich auf zwei unterschiedliche Bereiche, ebenso wie im Fall der Metaphysik und der Wissenschaften; doch durch einen dem analytischen Geist eigentümlichen Irrtum vergisst man, dass »Unterschied« keineswegs »Trennung« bedeutet; dadurch verliert die weltliche Macht ihre Legitimität, und das Gleiche ließe sich im geistigen Bereich in Bezug auf die Wissenschaften sagen.

14 Die gleiche Feststellung gilt auf religiösem Gebiet im Hinblick auf eine gewisse »Apologetik«, die eine Übereinstimmung mit den Ergebnissen der modernen Wissenschaft herstellen will – eine vollkommen illusorische und stets neu zu leistende Arbeit, die außerdem die ernste Gefahr mit sich bringt, dass sich die Religion scheinbar mit veränderlichen und kurzlebigen Auffassungen solidarisiert, von denen sie vollständig unabhängig bleiben muss.

15 Hierfür ließen sich mühelos Beispiele anführen. Als eines der auffälligsten Beispiele weisen wir lediglich auf den wesentlichen Unterschied der Auffassungen über den Äther in der hinduistischen Kosmologie und in der modernen Physik hin.

16 Dies drückt zum Beispiel eine Bezeichnung wie *Upaweda* aus, die in Indien für manche »traditionelle Wissenschaften« verwendet wird und angibt, dass sie den *Weden*, das heißt der heiligen Erkenntnis schlechthin, untergeordnet sind.

17 In unserer Untersuchung zur *Esoterik Dantes* haben wir auf die Symbolik der Leiter hingewiesen, deren Sprossen, verschiedenen Traditionen zufolge, bestimmten Wissenschaften und gleichzeitig unterschiedlichen Seinszuständen entsprechen. So etwas impliziert zwangsläufig, dass diese Wissenschaften nicht auf ganz »profane« Weise, wie bei den Modernen, angesehen wurden, sondern zu einer Übertragung führten, die ihnen eine wahrhaft »initiatische« Bedeutung verlieh.

18 Darum müssen die *Brahmanen*, der hinduistischen Lehre zufolge, ihren Geist ständig auf die höchste Erkenntnis ausrichten, während sich die *Kshatriyas* eher dem aufeinanderfolgenden Studium der verschiedenen Etappen, auf denen man schrittweise dorthin gelangt, widmen sollen.

19 Diese Rolle spielt zum Beispiel die astronomische Symbolik, die in den verschiedenen traditionellen Lehren so oft verwendet wird. Was wir hier sagen, kann das wahre Wesen einer Wissenschaft wie der Astrologie des Altertums ahnen lassen.

20 Die Kunst der Baumeister des Mittelalters kann als ein besonders bemerkenswertes Beispiel für diese »traditionellen Künste« erwähnt werden, zu deren Praxis außerdem die wirkliche Kenntnis der entsprechenden Wissenschaften gehörte.

21 Um sich davon zu überzeugen, braucht man sich nur solche Tatsachen wie diese vor Augen zu führen: Eine der »heiligsten« Wissenschaften, die Kosmogonie, die ihren Platz als solche in allen inspirierten Schriften, einschließlich der hebräischen Bibel, hat, ist für die Modernen zum Gegenstand von ausschließlich rein »profanen« Hypothesen geworden. Der Bereich der Wissenschaft ist in beiden Fällen tatsächlich der gleiche, doch der Standpunkt ist ganz unterschiedlich.

22 Diese Lage muss außerdem fortbestehen, wie es den Worten des Evangeliums entspricht, »bis an das Ende der Welt«, das heißt bis zum Ende des gegenwärtigen Zyklus.

23 Was die Menschen als »Zufall« bezeichnen, ist einfach ihre Unkenntnis der Ursachen. Wenn man behaupten wollte, sobald man erklärt, etwas geschehe aus Zufall, dass es keine Ursache gebe, so wäre dies eine in sich selbst widersprüchliche Annahme.

24 Man braucht nur Thomas von Aquin zu lesen, um zu erkennen, dass *»numerus stat ex parte materiae«* (»die Zahl zur Materie gehört«).

25 Von einem Realitätsbereich zum anderen wird die Analogie hier wie in allen ähnlichen Fällen streng im umgekehrten Sinne angewendet.

26 Diese Tendenz ist diejenige, welche die hinduistische Lehre *Tamas* nennt und die sie mit Unwissen und Dunkelheit gleichsetzt: Man wird feststellen, dass unseren vorherigen Ausführungen über die Anwendung der Analogie zufolge die Kompression oder Verdichtung, um die es sich handelt, das Gegenteil der Konzentration ist, die im spirituellen oder geistigen Bereich in Betracht gezogen wird, und daher, so eigenartig dies zunächst scheinen mag, steht sie tatsächlich in einer Wechselbeziehung zur Aufspaltung und Zersplitterung in der Vielheit. Ebenso verhält es sich übrigens bei der von unten her, auf der niedrigsten Ebene hergestellten und der »egalitären« Konzeption folgenden Einförmigkeit, die das äußerste Gegenteil der höheren und prinzipiellen Einheit ist.

27 Darum versetzt Dante den symbolischen Wohnsitz Luzifers in den Mittelpunkt der Erde, also an den Punkt, an dem die Schwerkraftlinien von allen Seiten zusammenlaufen – das heißt, in dieser Hinsicht ist er das Gegenteil des spirituellen oder »himmlischen« Hauptanziehungspunktes, der in den meisten traditionellen Lehren von der Sonne symbolisiert wird.

28 Vor dem achtzehnten Jahrhundert gab es – vom griechischen Atomismus bis zur kartesischen Physik – »mechanistische« Theorien. Man darf jedoch »Mechanismus« und »Materialismus« nicht verwechseln, obwohl es manche Übereinstimmungen gibt, die seit der Entstehung des eigentlichen »Materialismus« eine gewisse tatsächliche Solidarität zwischen beiden schaffen konnten.

29 *Satan* bedeutet auf Hebräisch »Widersacher«, das heißt derjenige, der alles umstürzt und die Dinge gewissermaßen verkehrt herum behandelt. Er ist der Geist der Verneinung und der Subversion, der sich mit der absteigenden oder »inferiorisierenden«, im etymologischen Sinne »infernalischen« Tendenz identifiziert, ebenjener, der die Wesen in diesem Materialisierungsprozess folgen, dem entsprechend sich die ganze Entwicklung der modernen Zivilisation vollzieht.

30 Wir wissen, dass Henri Massis unsere Werke durchaus kennt, doch er verzichtet sorgfältig darauf, sie mit dem kleinsten Hinweis zu erwähnen, weil sie seiner These widersprechen würden. Dieser Verfahrensweise fehlt es zumindest an Aufrichtigkeit. Im Übrigen meinen wir, dass wir uns zu diesem Schweigen nur beglückwünschen können, denn es erspart uns, dass Dinge in unerfreuliche Polemiken hineingezogen werden, die ihrem Wesen entsprechend über jede Diskussion erhaben bleiben müssen. Es gibt immer etwas Schmerzliches, wenn man es mit dem Schauspiel des »profanen« Unverständnisses zu tun bekommt, obgleich die Wahrheit der »heiligen Lehre« sicher an sich zu hoch steht, um davon beeinträchtigt zu werden.

Nachwort

MARK SEDGWICK

René Guénons Die Krise der modernen Zeit ist eines der wirkmächtigsten Bücher des zwanzigsten Jahrhunderts. Im französischen Original und in seinen Übersetzungen in andere Sprachen, insbesondere im Englischen (nicht aber im Deutschen), hat es so manches Leben verändert. Während der Interviews, die ich in den 1990er- und 2000er-Jahren über den Einfluss von Guénons Werk geführt habe, bekam ich von vielen Leuten zu hören, wie sie, meist in ihrer späten Jugend bzw. in ihren frühen Zwanzigern, angefangen hatten, eines der Bücher Guénons zu lesen – für gewöhnlich Die Krise der modernen Zeit –, es in einer einzigen langen Nacht verschlangen und sich in den darauffolgenden Monaten dem restlichen Werk Guénons gewidmet hatten und anschließend Lebenspfade beschritten, die sie andernfalls nicht eingeschlagen hätten.[1]

Selbstverständlich zeitigt Guénon nicht bei allen Lesern eine solche Wirkung. Sein Stil ist nicht immer einfach, und manch einen mag seine Überzeugung abschrecken, nur er alleine kenne die Wahrheit, während (beinahe) alle anderen fehlgeleitet seien. Nicht allen Lesern der deutschsprachigen Ausgabe von *La crise du monde moderne* wird folglich der Sinn danach stehen, das gesamte Werk des Autors zu lesen. Doch wird jeder Leser lernen, eine Lebensauffassung und Haltung gegenüber der heutigen Welt besser zu verstehen, die bedeutsam ist, seit Guénon sie in der Zwischenkriegszeit erstmals zum Ausdruck brachte, und in unserer Zeit zunehmend Gewicht erlangt.

Vorgeschichte

René Guénon war ein Produkt des späten neunzehnten Jahrhunderts. Er wurde 1886 in eine bürgerliche Familie in der französischen Provinzstadt Blois geboren. Seine Studienzeit und seine

Zwanziger verbrachte er in Paris während des Endes der *Belle Époque*, den ausklingenden Jahren des »langen« neunzehnten Jahrhunderts, die mit dem Ausbruch des Ersten Weltkriegs ihr Ende fanden. Kennt man das Paris der *Belle Époque* heutzutage vor allem aufgrund seiner Maler, war es damals zugleich Schauplatz neuer Entwicklungen in der gesellschaftlichen und politischen Theorie, den Wissenschaften sowie der Religion. Französische Gelehrte zählten zu den Ersten, die jene Sprachen und Literaturen des Orients, auf die man durch das Voranschreiten des europäischen Imperialismus und der Globalisierung Zugriff gewonnen hatte, untersuchten, einschließlich des Sanskrit, der Sprache der Veden, jener indischen Texte aus dem ersten und zweiten Jahrtausend v. u. Z., die auch auf deutsche Denker, allen voran Schopenhauer, Faszination ausübten. Darüber hinaus war Frankreich das Land, in dem die aufklärerische Infragestellung des Christentums während der Französischen Revolution dem *Culte de l'Être suprême* (Kult des höchsten Wesens) sowie dem *Culte de la Raison* (Kult der Vernunft) den Weg bereitet hatte, und noch im neunzehnten Jahrhundert wurden laufend Alternativen zur katholischen Kirche vorgebracht und anschließend wieder verworfen.

Auf den fruchtbarsten Boden fielen religiöse Innovationen während des neunzehnten Jahrhunderts in den Vereinigten Staaten, wo sich die Kirche Jesu Chisti der Heiligen der Letzten Tage (Mormonen), die Christliche Wissenschaft sowie die Theosophische Gesellschaft herausbildeten. Die Theosophische Gesellschaft stützte sich dabei sowohl auf orientalische (vorrangig hinduistische und buddhistische) wie auch auf westliche Texte und Traditionen, um eine neuartige, universelle Spiritualität anzuregen, die sich in den 1880er- und 1890er-Jahren auf beiden Seiten des Atlantiks wie auch in Indien als äußerst populär erwies. Der französische Zweig der Theosophischen Gesellschaft inspirierte ähnliche, wenn auch miteinander in Konkurrenz stehende Gruppierungen in Paris, von denen Guénon einer, nämlich dem Martinisten-Orden, 1906, im Alter von zwanzig Jahren, beitrat.[2] Nachdem er 1909 dem Martinisten-Orden wieder den Rücken gekehrt hatte, schloss er sich der kleinen Universellen gnostischen Kirche an und begann, für deren Zeitschrift *La Gnose* zu schreiben. Von 1912 bis 1915 studierte er Philosophie an der Sorbonne, und im Jahr 1920 begann er seine Doktorarbeit bei einem der führenden Sanskrit-Gelehrten Frankreichs, Sylvain Lévi (1863–1935).[3]

Denken

Sowohl der Orientalismus des neunzehnten Jahrhunderts als auch Guénons Studium der Philosophie hinterlassen deutliche Spuren in seinem Werk; erkennbar hatten aber auch die Theosophische Gesellschaft und der Martinisten-Orden Wirkung auf ihn ausgeübt, und das, obwohl Guénon die von ihm sogenannten »offiziellen« Orientalisten mitunter scharf aburteilte, moderne Philosophen verunglimpfte, mit den Martinisten brach und mit seinem 1921 erschienenen Buch *Le Théosophisme, histoire d'une pseudo-religion* zu einem der wichtigsten französischen Kritiker der Theosophischen Gesellschaft wurde.[4] Gleich den von ihm verachteten Theosophen war Guénon jedoch von der Existenz einer zeitlosen, ursprünglichen, universellen Spiritualität überzeugt, die sich seiner Meinung nach, wie aus seinem ersten, ebenfalls 1921 publizierten Hauptwerk *Introduction générale à l'étude des doctrines hindoues* hervorgeht, in den Veden am vortrefflichsten dokumentiert findet.[5] Erst im dritten Abschnitt dieses Buches diskutiert Guénon die eigentlichen hinduistischen Lehren (*les doctrines hindoues*), während er sich in den ersten beiden Abschnitten »einleitenden Überlegungen« (»considérations préliminaires«) und der Erörterung der »allgemeinen Modi des orientalischen Denkens« (»les modes généraux de la pensée orientale«) widmet. Dabei besagt die wichtigste einleitende Überlegung, dass der Unterschied zwischen Orient und Okzident in erster Linie aus der eingehenden Beschäftigung des Westens mit Fortschritt und Evolution resultiere, aus Entwicklungen also, die den Westen zum absoluten Gegenteil der »Tradition« gemacht hätten. Die Tradition sei noch im orientalischen Denken zu finden, das metaphysisches Denken und soziale Institutionen sowie die exoterische als auch die esoterische Religion in sich einschließe. Dabei nimmt das letztgenannte Paar in Guénons Denken eine zentrale Rolle ein. Das Exoterische meint die nach außen gerichteten Formen von Religion, während das Esoterische der inneren Wahrheit entspreche. Exoterische Formen würden sich von Religion zu Religion unterscheiden, die esoterische Wahrheit aber bleibe stets ein und dieselbe – sie sei ursprünglich und immerwährend. Diese Ideen finden sich in dem sechs Jahre später veröffentlichten Werk *Die Krise der modernen Welt* (1927)[6] wieder, das auch viele Schlussfolgerungen anderer von Guénon zwischen 1921 und 1927 publizierter Bücher und Artikel zusammenfasst und somit als ein Schlüsseltext seines Denkens betrachtet werden kann.

Die Krise der modernen Welt wurde breitflächiger rezipiert als alle früheren Werke Guénons und ähnelt in gewisser Weise anderen, die Zwischenkriegszeit durchwaltenden Bekundungen der zivilatorischen Angst – von Oswald Spenglers *Der Untergang des Abendlandes* (das eigentlich einer früheren Periode zuzurechnen ist, aufgrund seines Titels jedoch zum Symbol einer bestimmten Gefühlslage wurde) bis hin zu Sigmund Freuds *Das Unbehagen in der Kultur*. Guénons Botschaft weicht jedoch stark von denjenigen dieser beiden Klassiker ab. Obwohl er – nicht anders als Spengler – den Untergang des Abendlandes prophezeit, identifiziert *Die Krise der modernen Welt* die zentrale Ursache dieser Misere weit stärker im Verlust der Tradition, des heiligen Wissens und der Weisheit des Westens. Zugleich setzt sich Guénon – anders als Freud – eine weitgreifende Anfechtung der wesentlichsten Werte der Moderne zum Ziel. Die acht Kapitel seines insgesamt relativ kurzen Buchs folgen meist einem ähnlichen Muster und zielen scheinbar auf je einen bestimmten, weithin als problematisch angesehenen Aspekt der modernen Welt – wie etwa den Materialismus – ab, während sie es in Wahrheit auf das abgesehen haben, was Guénon an einer Stelle als »laizistische Dogmen« (»dogmes laïques«)[7], als die signifikantesten »Illusionen« der Moderne, bezeichnet. Bei dem wichtigsten dieser Dogmen, mit dem bereits im ersten Kapitel hart ins Gericht gegangen wird, handelt es sich um die Idee des Fortschritts. Weitere angefochtene Illusionen sind die vorgeblichen Errungenschaften der modernen westlichen Zivilisation, die Vormachtstellung der Wissenschaft, der Wert der individuellen Vernunft, das Gleichheitsdogma, das Konzept und die Praxis der Demokratie, der Nationalismus und schließlich der Utilitarismus, insbesondere der wirtschaftliche Utilitarismus.

Die Kraft von *Die Krise der modernen Welt* leitet sich nicht allein aus seiner umfassenden Kritik der zentralen Werte der Moderne ab, sondern ebenso aus der Art und Weise, in der diese Attacke mithilfe einer singulären Erzählung, oder besser gesagt Gegenerzählung, flankiert wird. Guénons Schlüssel zum Verständnis der modernen Welt liegt im Konzept des *Kali-Yuga*, des vierten Zeitalters, das der heiligen Chronologie und Kosmogonie der Hindus entlehnt ist. Guénon zufolge entspricht *Kali-Yuga* innerhalb der abendländischen Vorstellung in etwa der Eisenzeit. Anstelle einer zugrunde liegenden Dynamik des Fortschritts, wie sie von modernen Westlern törichterweise vorausgesetzt werde, habe vielmehr eine des Rückschritts aus einem goldenen Zeitalter vorgeherrscht, innerhalb dessen wesentliche, heilige Wahrheiten noch für alle zugänglich gewesen seien. Im *Kali-Yuga* sei solch ein ursprüngliches heiliges Wissen jedoch weitgehend verloren gegangen. Vor allem diesem Umstand seien all jene von Guénon ausgemachten Illusionen und Probleme geschuldet.

Das *Kali-Yuga* stellt das Ende eines Zyklus dar, birgt jedoch wiederum auch in sich selbst kürzere Zyklen. Einer davon habe mit dem Zusammenbruch der griechisch-römischen Welt geendet, und ein anderer gehe gerade seinem Ende zu. Hierbei stützt sich Guénon nicht auf die hinduistische Mythologie, sondern auf die von vielen anderen, einschließlich Spengler, gemachte Beobachtung, Zivilisationen würden sowohl einen Aufstieg als auch einen Niedergang durchlaufen. Dem gegenwärtigen Zyklus, so legt Guénon nahe, werde jedoch ein neuer Zyklus folgen, und um sich auf diesen vorzubereiten, sei es unumgänglich, dass der Westen jenes traditionelle Wissen und jene ursprüngliche Spiritualität wiederherstelle, die in der von der Moderne relativ unberührt gebliebenen orientalischen Zivilisation nach wie vor vorhanden seien. Im letzten Kapitel des Buchs *Die Krise der modernen Welt* ruft Guénon daher zur Bildung einer kleinen intellektuellen Elite auf, die, womöglich gemeinsam mit der katholischen Kirche, dem Westen wieder zum traditionellen Wissen verhelfen und den Übergang in einen neuen Zyklus begünstigen könne.

Zum Zeitpunkt der Veröffentlichung von *Die Krise der modernen Welt* im Jahr 1927 hatte Guénon in Paris bereits zahlreiche Anhänger um sich geschart, zu denen auch wichtige Personen des intellektuellen und künstlerischen Leben der damaligen Zeit zählten.[8] Ungeachtet seiner Ablehnung der Demokratie war seine Gefolgschaft nicht sonderlich politisch, und auch sein Verhältnis zur Action Française, einer einflussreichen politischen Bewegung jener Zeit, in der er womöglich sogar ein Zuhause hätte finden können, war ein gespaltenes. In gewisser Weise und zum Teil mit bedeutenden Unterschieden stellte die Action Française, die das Vichy-Regime während der Besetzung Frankreichs durch die Nationalsozialisten unterstützte, das französische Pendant zur italienischen Nationalen Faschistischen Partei sowie zur NSDAP in Deutschland dar. Einen Großteil des achten Kapitels von *Die Krise der modernen Welt* verwendet Guénon darauf, scharfe Kritik an dem mittlerweile in Vergessenheit geratenen Buch eines Intellektuellen der Action Française, Henri Massis, zu üben.

Kairo

Im Jahr 1930, kurz nach der Veröffentlichung von *Die Krise der modernen Welt*, schlug Guénons Leben und Werk eine neue Richtung ein. Nachdem er in rascher Folge seine Frau, seine Anstellung wie auch seine Adoptivtochter verloren hatte, begleitete er eine Bewunderin seiner Schriften, eine wohlhabende amerikanische Witwe, auf einer Reise nach Kairo und blieb selbst noch, als sie bereits wieder nach Frankreich zurückgekehrt war. Nach einer Phase der Armut kaufte ihm ein weiterer Bewunderer in einem angesehenen Vorort von Kairo ein Haus. Kurze Zeit später heiratete Guénon eine Ägypterin, mit der er mehrere Kinder hatte, und verbrachte den Rest seines Lebens in Ägypten, wo er von den Tantiemen seiner Veröffentlichungen sowie den Geschenken eines wachsenden Zirkels an Verehrern lebte und seine Zeit dem Schreiben und seinen Korrespondenzen widmete.[9] Er starb im Jahre 1951, kurz vor der Revolution, mit der 1952 die Transformation von Ägypten in einen eindeutig nicht-traditionellen, militärisch-autoritären, sozialistischen Staat einsetzte.

In Kairo wurde Guénon Muslim und vollendete damit einen Prozess, der 1910 in Paris seinen Anfang genommen hatte, als er von dem schwedischen Maler Ivan Aguéli (1869–1917), der einige Jahre zuvor bereits zum Islam übergetreten war, in einen Sufi-Orden eingeweiht wurde. Zog die Initiation von 1910 in Paris noch keine augenscheinlichen Veränderungen in Guénons Leben nach sich, befolgte er nach 1930 in Kairo die islamischen Praktiken und wurde unter dem muslimischen Namen Abd ald-Wahid, »Sklave des Einen (das heißt von Gott)«, bekannt. Guénon wurde jedoch nicht nur Muslim, sondern auch ein Sufi und schloss sich damit dem an, was er als die islamische Version der ursprünglichen Spiritualität verstand. Diese Veränderungen in Guénons Privatleben gingen mit einem Wandel seines Denkens einher. Parallel zu Guénons Einweihung in den Sufismus im Kontext des exoterischen Islam rückte die Initiation in eine esoterische Praxis im Kontext einer gültigen exoterischen Religion zunehmend in den Fokus. Dessen ungeachtet aber legten Guénons Schriften ihren Schwerpunkt weiterhin auf den Hinduismus; und obwohl er in den letzten zwanzig Jahren seines Lebens ein praktizierender Muslim war, findet sich in seinen Schriften nur wenig über den Islam.

Wirkung

Guénons Gefolgschaft in Paris zum Zeitpunkt der Veröffentlichung von *Die Krise der modernen Welt* im Jahr 1927 bildete den Nukleus einer »guénonischen« oder »traditionalistischen« Bewegung, auch wenn damals keiner der beiden Begriffe Verwendung fand. »Guénonianer« hebt die Person hervor, während »Traditionalist« den Schwerpunkt auf die Ideen legt, einschließlich der von anderen, etwa von den Personen, die für die von Guénon herausgegebene Zeitschrift *Études traditionelles* schrieben. Aus diesem Grund bevorzuge ich den Begriff »Traditionalist«, ungeachtet der Verwechslungsgefahr mit anderen, in keinerlei Zusammenhang stehenden Arten von Traditionalisten, von denen es einige gibt, angefangen bei Katholiken, die sich gegen die Beschlüsse des Zweiten Vatikanischen Konzils wenden, bis hin zu Menschen, die Boote mit Holzrumpf Glasfaserbooten vorziehen.

Die unmittelbare Folge von Guénons Engagement für den Islam und den Sufismus in Kairo war die Herausbildung einer eigenständigen Sufi-Strömung innerhalb der traditionalistischen Bewegung. Diese nahm ihren Anfang 1934, als ein junger, in der Schweiz geborener Deutscher, Frithjof Schuon (1907–1998), nach Basel zurückkehrte, nachdem er in Algerien durch einen der berühmtesten Sufi-Scheichs (Meister) jener Zeit, Ahmad al-Alawi (1869–1934), zum Sufi ausgebildet worden war.[10] In der Schweiz gründete Schuon eine Niederlassung der Alawi-*tariqa* (Sufi-Orden, Bruderschaft), von wo aus diese sich langsam über Frankreich und England bis in die Vereinigten Staaten und schließlich in viele weitere Länder ausbreitete. Schuons *tariqa*, die später zu Ehren der Jungfrau Maria in Maryamiyya umbenannt worden war, erlangte zahlenmäßige nie große Bedeutsamkeit, verbreitete sich jedoch weiträumig und besitzt heute großen Einfluss, da es sich bei ihren nicht sehr zahlreichen Mitgliedern oftmals um einflussreiche Intellektuelle handelt. Einige der führenden universitären Islamexperten – insbesondere in den USA und in Frankreich – waren Maryami, ebenso wie mehrere weithin rezipierte, über Religion und Kultur schreibende Autoren, die wiederum vor allem aus den USA und aus Frankreich, aber auch aus England kamen.[11] Obwohl sie nie mit der katholischen Kirche in Zusammenhang standen, ähneln Maryami in gewisser Weise jener intellektuellen Elite, wie sie Guénon 1927 vorgeschwebt hatte.

Neben dem weltweiten Netzwerk der Maryami und anderen kleineren, unabhängigen traditionalistischen Zusammenschlüssen findet sich heutzutage auch noch eine Reihe an Vereinigungen, die nicht primär als traditionalistisch verstanden werden können, sich jedoch traditionalistischen Gedankengutes bedienen, allem voran dessen Kritik der Moderne. Gerade in diesem Punkt liegt gegenwärtig die entscheidende Bedeutung des Traditionalismus. Manche dieser Netzwerke sind islamisch, manche neuheidnisch, manche musikalisch; die einflussreichsten aber bilden einen Teil der radikalen Rechten.

Guénon selbst war nie in die Tagespolitik involviert, da er der Ansicht war, dass gesellschaftliche und politische Probleme das Resultat des Verlustes von traditionellem Wissen seien und soziale und politische Veränderung demzufolge nicht auf direktem Wege herbeigeführt werden könne, sondern sich lediglich aus der Restauration traditionellen Wissens ergebe. Seine Verachtung moderner Dogmen, wie etwa der Gleichheit und demokratischer Verfahren, besaß allem Anschein nach dennoch politische Relevanz, und auch manche seiner Bewunderer engagierten sich politisch. Einer davon war der Italiener Julius Evola (1898–1974), der, da er mit bestimmten Aspekten des Faschismus nicht übereinstimmte, der Faschistischen Partei zwar niemals beitrat, jedoch für die Zeitung *Dottrina fascista* eine Kolumne über die »spirituellen Probleme der faschistischen Ethik« (»Problemi dello spirito nell'etica fascista«) schrieb und auf Einladung der SS in Nazi-Deutschland Vorträge hielt. Nach dem Ende des Krieges verlebte Evola seinen Ruhestand in Rom, schrieb Bücher und Pamphlete, die zur Inspirationsquelle der italienischen »neuen Rechten« der 1970er-Jahre wurden[12] und heute zu den Schlüsselwerken der radikalen Rechten zählen. Evolas Traditionalismus weicht in zentralen Punkten von jenem Guénons ab, und Guénon trägt in keinerlei Weise Verantwortung für Evolas politische Aktivitäten – nichtsdestotrotz erleichtert die gegenwärtige Popularität von Evolas Schriften die Verbreitung von Guénons Vorstellungen der Moderne und der Demokratie.

Die Art und Weise, in der Guénons Werk neue Relevanz erlangt hat, lässt sich anhand dreier kürzlich bekannt gewordener Leser seiner Schriften illustrieren. Einer davon ist Alexander Dugin (geb. 1962), jener russische Philosoph, dessen Einfluss auf Wladimir Putin geringer ist, als mitunter behauptet wird, der abgesehen davon aber eine relevante Persönlichkeit innerhalb des russischen intellektuellen Lebens darstellt.[13] Ein anderer ist Steve Bannon (geb. 1953), jener amerikanische Aktivist, der die Präsidentschaftskampagne von Donald Trump leitete und eine Zeit lang schließlich zum Chefstrategen des neuen amerikanischen Präsidenten ernannt worden war.[14] Bei dem dritten im Bunde handelt es sich um Ernesto Araújo (geb. 1967), einen brasilianischen Diplomaten, der zum Außenminister der Regierung des einen Paradigmenwechsel herbeiführenden brasilianischen Präsidenten Jair Bolsonaro ernannt wurde.[15] Keiner von ihnen lässt sich als Traditionalist im Sinne Schuons oder Evolas bezeichnen, doch zeigen sie alle, wie Guénons Traditionalismus trotz seiner im neunzehnten Jahrhundert verankerten Wurzeln hinsichtlich mancher Fragen des einundzwanzigsten Jahrhunderts zur Geltung gebracht werden kann.

Perspektivisch

Was für Traditionalisten zählt, ist die Tradition, wie sie von Guénon und anderen Traditionalisten definiert wurde. Guénon selbst spielt daher nur eine untergeordnete Rolle, und die Details seiner Biografie sind im Grunde nicht weiter von Belang. Sein Denken bis ins neunzehnte Jahrhundert zurückzuverfolgen, wie ich es hier getan habe, bedeutet, das zu verfehlen, was eigentlich wichtig ist – nämlich die Tradition selbst.

In Bezug auf die Geistesgeschichte gilt es jedoch, Guénon einen Platz innerhalb der umfassenderen Ideengeschichte zuzuweisen. Beim Traditionalismus handelt es sich, nicht anders als beim Marxismus oder Freudianismus, um eine Denkschule. Aus ideengeschichtlicher Perspektive ist keine einzelne Denkschule in der

Lage, die absolute Wahrheit zu verkörpern, und Konzepte wie »die Tradition« stellen zwangsläufig Konstruktionen dar, doch jede Denkströmung und jegliche Konstruktion können dazu beitragen, ein besseres Verständnis der Menschheit und der Welt im Allgemeinen zu gewinnen. In dieser Hinsicht verdient es der Traditionalismus, ernst genommen zu werden, und zwar trotz der Verlockung, ihn aufgrund seines Beitrags zur radikalen Rechten abzuurteilen oder schlicht zu ignorieren.

Anmerkungen

1 Diese Interviews dienten mir für mein Buch *Gegen die moderne Welt. Die geheime Geistesgeschichte des 20. Jahrhunderts*, Berlin: Matthes & Seitz Berlin 2019.

2 Sedgwick, *Gegen die moderne Welt*, S. 70.

3 Jean-Pierre Laurant, *René Guénon. Les enjeux d'une lecture*, Paris: Dervy 2006, S. 107, 109.

4 René Guénon, *Le Théosophisme, histoire d'une pseudo-religion*, Paris: Nouvelle Librairie Nationale 1921.

5 René Guénon, *Introduction générale à l'étude des doctrines hindoues*, Paris: Marcel Rivière 1921.

6 René Guénon, *La crise du monde moderne*, Paris: Bossard 1927.

7 René Guénon, *Die Krise der modernen Welt*, S. 104.

8 Xavier Accart, *Guénon ou le renversement des clartés. Influence d'un métaphysicien sur la vie littéraire et intellectuelle française (1920–1970)*, Paris: Edidit 2005.

9 Sedgwick, *Gegen die moderne Welt*, S. 115–125.

10 Ebd., S. 130–139.

11 Ebd., S. 249–251.

12 Ebd., S. 149–166, 265–273.

13 Marlene Laruelle, »Alexander Dugin and Eurasianism«, in: Mark Sedgwick (Hg.), *Key Thinkers of the Radical Right. Behind the New Threat to Liberal Democracy*, New York: Oxford University Press 2019, S. 155–169.

14 Joshua Green, *Devil's Bargain. Steve Bannon, Donald Trump, and the Nationalist Uprising*, New York: Penguin Press 2017, S. 204–207.

15 Ernesto Araújo, »Trump e o Ocidente«, in: *Cadernos de Política Exterior* 3, Nr. 6 (2017), S. 323–357.

Erste Auflage Berlin 2020

Verlagsgesellschaft mbH
Göhrener Str. 7, 10437 Berlin
info@matthes-seitz-berlin.de
Titel der Originalausgabe: *La crise du monde moderne,*

Umschlaggestaltung: Dirk Lebahn, Berlin
Satz: Monika Grucza-Nápoles, Berlin
Druck und Bindung: GGP Media GmbH, Pößneck
ISBN 978-3-95757-851-8
www.matthes-seitz-berlin.de